마 음

일 년

삼백육십오일

내부수리중 입니다

고 쳐도 고 쳐도

비가 샙니다

홍 윤 숙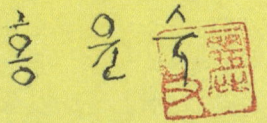

2009년 6월 10일 성산우체국 소인이 있는 깨끗한 편지봉투에 직접 쓰신 詩

麗史詩集

麗史詩集(1962年)

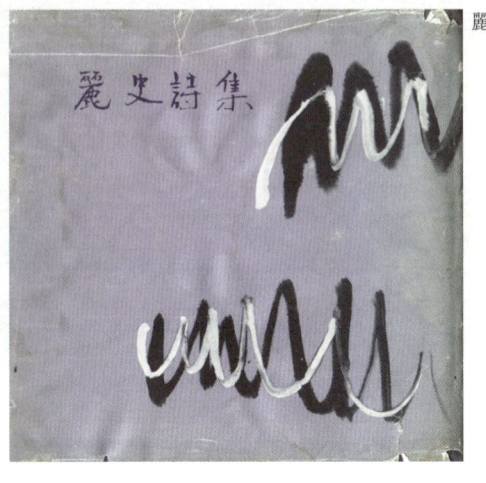

2020년 영인문학관 작가의 방 전시

애정하시던 흔들의자, 김미자 作: 장미 비누공예

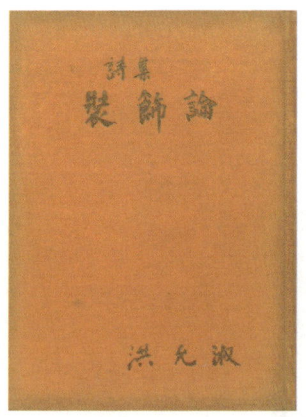 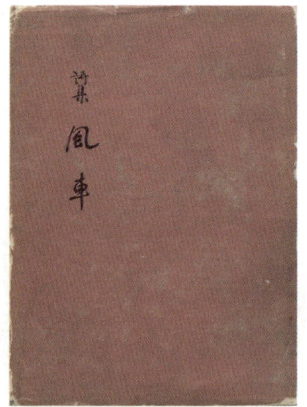

裝飾論(1968年)　　　　　　風車(1964年)

직접 수놓은 동양, 서양자수 액자

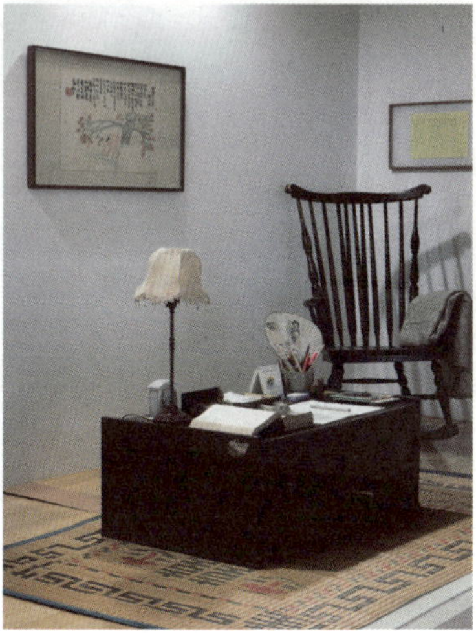

작가의 스탠드
아들이 첫 월급으로 선물한 스탠드
(작고 전까지 사용하셨음)

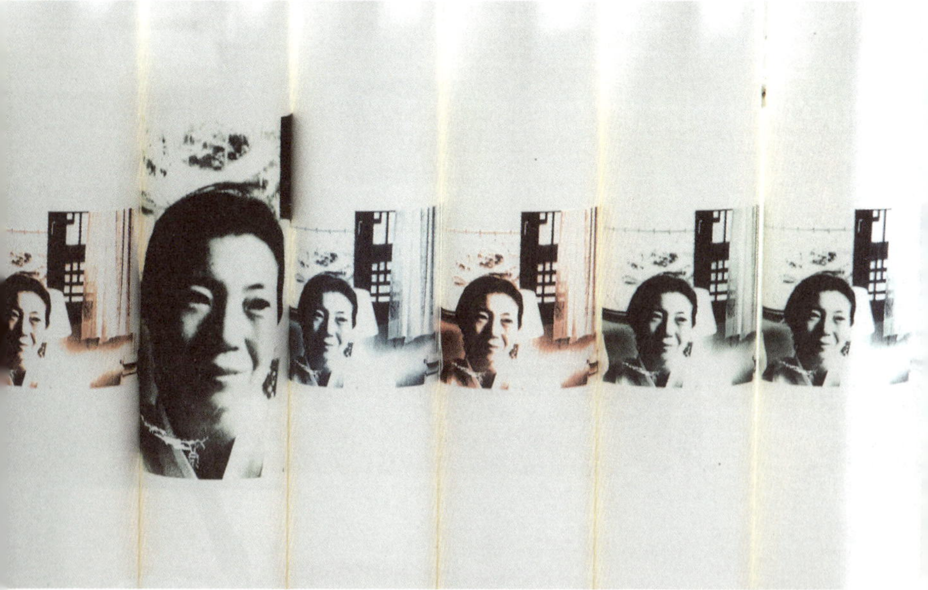

친손녀 양희주 作
할머니를 위해 만든 밥상과 그릇들
부채: 한용운의 시 '알 수 없어요'를
부채에 직접 쓰심 (2003년)

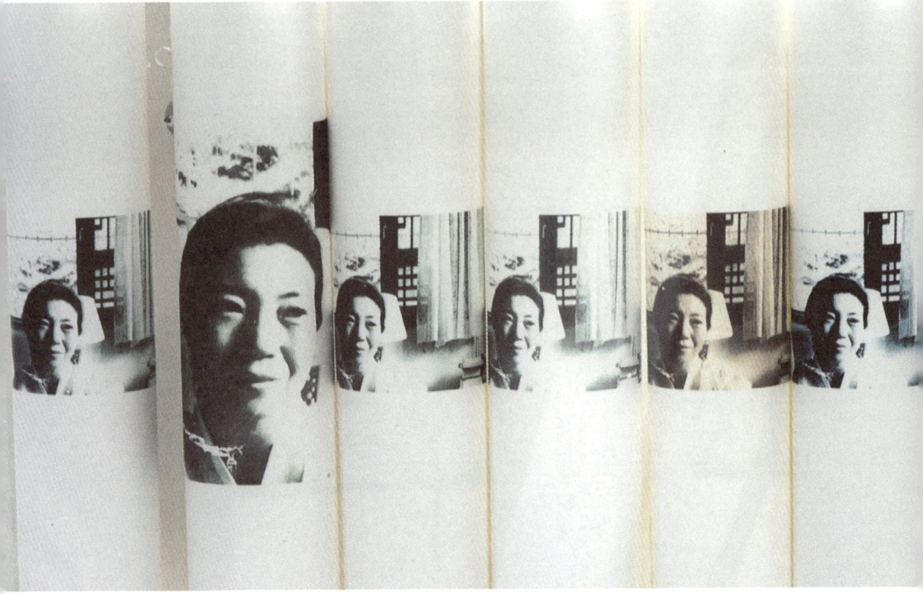

외손녀 김아린 作

목차

1 여사시집

불 ···················· 一六

樹木의 書 ············ 一八

日沒 ················· 二一

봄은 또 하나의 實話를 ·· 二四

休日에 ··············· 二八

幸福이 오는 것은 ······ 三〇

다리 아래 물은 흐르고 ·· 三三

落葉의 노래 ·········· 三六

黃昏 ················· 三九

悲歌 ················· 四一

별 이야기 ············ 四三

가을 ...... 四六

비 오는 날에 ...... 四八

紫水晶 ...... 五〇

지금은 黃昏 ...... 五二

歡別(麗史詩集 後記) ...... 五三

2 풍차

시의 外廓(人生의 外廓에서) ...... 五六

나이와 더불어 ...... 五九

風車 ...... 六二

지치고 아픈 날에 ...... 六四

雨期의 詩 ...... 六六

俗離旅舍 ...... 六八

破戒 ...... 七一

가을의 祈禱 …………………………………… 七三

回歸 ……………………………………………… 七六

이 좋은 가을이 다 가기 전 …………………… 七八

原色의 廻廊 …………………………………… 八一

靜謐한 季節에 ………………………………… 八三

九月 ……………………………………………… 八六

霜菊의 뜰에 …………………………………… 八八

時間은 빗물같이 ……………………………… 九○

돌아오는 새벽 ………………………………… 九二

아내의 花園 …………………………………… 九五

저녁鍾 …………………………………………… 九八

하얀 민들레 씨 ………………………………… 一○○

果園日記 1 ……………………………………… 一○三

果園日記 2 ……………………………………… 一○六

果園日記 4 ……………………………………… 一○九

詩의 슬픔 ······················· (一二)

하많은 四月 풀밭에 ················ (一四)

無心 ··························· (一六)

어떤 葉書 ······················ (一八)

哭(故 師範大學 愼驥範先生 靈前에) ·· (二〇)

돌아오지 않는 校庭에 ·············· (二三)

雜草의 辯(풍차후기) ·············· (二五)

3 장식론

裝飾論 1 ······················· (二七)

裝飾論 4 ······················· (二八)

訪問 1 ························· (三一)

訪問 2 ························· (三四)

斜陽의 時間 ····················· (三六)

(三九)

그 여름 한 철은 ……………………………………〔四二〕

後悔 그것은 ……………………………………〔四五〕

春困 ……………………………………………………〔四七〕

박우물 Ⅱ ………………………………………………〔四九〕

古宮에서 ………………………………………………〔五一〕

望鄕 八月 ……………………………………………〔五三〕

七月夜祭 ………………………………………………〔五六〕

입추 ……………………………………………………〔五九〕

問答 ……………………………………………………〔六一〕

歸路 ……………………………………………………〔六四〕

裝飾論(後記) …………………………………………〔六六〕

4 그리움

김화영 ◆ 난초꽃 그 눈부신 청아함이 되신 어머니 ……〔七〇〕

양지혜 ◈ 사랑은 일생을 걸어서 도착하는 집이다 ······ 〔七九〕

양　윤─배정혜 ◈ 어머니 나의 어머니 ······ 〔九一〕

김아린 ◈ 나의 예쁜 할머니는 멋있었다 ······ 〔九四〕

양　윤─배정혜 ◈ 가면 오리 오면 십리 ······ 〔九八〕

연보 ······ 〔二一〇〕

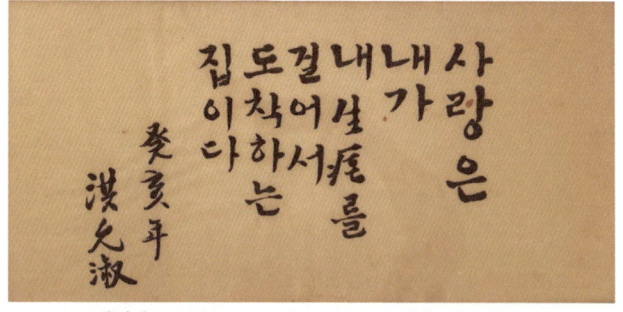

초등학교 입학식 날 어머님과 함께(1932년)

계해년(1993) Susan Dobmeyer(Lara)에게 써주신 글

불

누가 알았으리
마지막 타는 불꽃의 뜨겁고 화려함을
온 하늘 불 살라도 못다 탈 불

아는 이 없는 깊은 내 안에
산불처럼 피어나
몸을 태우는 저
가지 끝에 매달린 마지막 꽃 한 송이

거칠 데 없는 바람에 휘몰려도
한여름 굳건히 結實을 향해
걸어왔거늘
누가
꽃도 열매도 大地에 뿌리 깊은

아늑한 등걸까지도

남김없이 불태우려 하는가

無明의 祭壇에 마지막 生을

주저없이 던지게 하는가

너무도 황홀한 蜜香

이 저녁

極光의 불바다에 피는

꽃 한 송이

樹木의 書

이제는 아무것에도 꺾이지 않을
한 그루 든든한 樹木이리라

꽃처럼 화사하고 아름답기엔
긴 年輪이 그 위에 스쳤고

부질없는 바람이 넘나든들
우람히 뻗은 가지 가지들

굳건히 이겨주는 마음입니다

폭양과 凍死의 무서운 계절에도
끝내 이겨야 할 樹木의 운명은

항시 젊은 戰士의 장렬한 최후와도
같았음을

한 방울 푸르고 싱싱한 樹液을 위해
온몸의 살갗은 샅샅이 해를 향해

메말라갔고
넓으나 넓은 大地 위에 발돋움 든든한
자리를 위해
밤마다 樹心은 눈물 지었으니

이제는 아무것에도 傷念하지 않을
한 그루 의젓한 樹木이리라

어쩌다 지나가는 暴風雨에도
간혹 태양이 뜨지 않는 빈 하늘에도
담담한 忍耐와 넉넉한 寬容
깊은 憂愁는 안으로 안으로만 흘러가는 것

그리 한세상 눈물 창창히 저무는 날엔
말없이 돌아 앉아 落葉을 지피며
樹心에 고인 노래 불러보리다

이제야 정녕 歲月을 깔고 太陽을
이웃 삼아
가지 위에 머무는 한 마리 새야 있건 없건
철철이 푸른 잎 피고 지우며…

화사스런 꽃들이 지고 나면
樹木은 한창 벅찬 목숨의 계절
우람한 환히 안으로 안으로만
흘러가는 것

日沒

어느 그날에 무던 목숨을 받았는가

이 江기슭 허구 많은 옛말과 함께
흘러오고 또 쌓여온 모래밭을 어머니 삼아
치근 치근히 곱지도 못한 뿌리를
펴온 나무들…

잎마다 가지마다 바람과 비와 雨雷같은
그러한 苦難에 찌들고 주름 잡혔음에도
애써 위로 위로 하늘이 그리울사
뻗어 오른 잎이며 가지며
모두 다 무수한 그날을 견뎌 왔음에야

오늘은 낡은 太陽이

빛도 없이 낡은 太陽이
오랜 묵은 하늘에 가슴앓듯
앓아 누웠고

다시는 돌아올 것 같지도 않은 슬픈 落日의
아득 캄캄히 저물어가는 어둠을 뚫고
太陽의 죽은 넋을 弔哭하는 까마귀 울음
가없는 하늘가에 끊일 듯 스쳐가고

이제사 저녁이라
물안개 자욱한 江언덕엔 나룻배 돌아가
歲月과 같이 찌들고 손때 묻은 노를 저어
잃어버린 노래도 찾을 길 없이 아비는
돌아가

江 건너 마을엔 가난한 아낙이
十年 설움에 절은 손등을 비비며

한숨만한 煙氣를 올리나니

어느새 마을엔 닭 우는 소리

개 짖는 소리 끊인 지 오래더라

아비의 얼굴이며 어미의 얼굴이며

다시는 서로들 알아볼 수도 없으리만큼

무딘 눈 눈망울 속에 그래도 남은 것

슬픈 목숨이여 불 붙는 怨恨이여…

봄은 또 하나의 實話를

모든 죽어간 것들의 더듬거리는 발자국소리
땅속에 울리고
가버린 이들의 맺혔던 소망들이 줄줄이
빗발되어 풀려 내리는
이 봄은 一九五九年의 또 하나의 失話를
흔드는 작은 旗手인가
이 밤 나의 어린 아들과 아들의 아버지는
하루의 피곤과 얼근한 醉氣에 유순히 잠들고
平和의 푸른 窓밖엔 새날의 기별처럼
비를 안고 지줄대는 봄 봄의 소리여
비를 보아 한밤을 흘러갈 작은 시내와
먼 江들
江들은 再會의 기쁨에 가슴을 풀리라

24

얼어붙었던 기슭도 들판도

젊은 아내의 가슴처럼 이 밤에 울리라

사랑하는 것들이여

아낌없이 주고 바쳐온 白雪의

험준한 山嶺처럼

내 人生은 어기찬 山頂을 넘어왔다

목 마르게 渴求하고 熱愛하고 犧牲하며

착하리라 참으리라 눈 감아왔다

아무 개울가나 얼음 밑

항시 돌돌거리는 가는 물살처럼

스스로의 소망에 잔물결 치며

뜻없는 世情의 작은 팔매에도

마음 갈릴가 저어하고

기다림에 지쳐 목이 가느른

봄이면 봄 失樂의 계절이라 익혀왔음도

모든 죽어간 것들의 더듬거리는 발자국소리
땅속에 울리고
가버린 이들의 맺혔던 소망들이
줄줄이 빗발되어 흘러내리는
이 봄은 一九五九年의 또 하나의 希望을
부르는 작은 旗手이어라

苦笑한다
榮光의 詩人이 되어보는 열띤 꿈에
나는 홀로 어버이도 아내도 아닌
곤한 잠길에 베개를 안고
이 밤 내 곁에 착한 아들과 딸들은

平和의 푸른 窓밖엔 새날의 기별처럼
비가 내리고
비를 모아 한밤을 흘러갈 작은 시내와
먼 江들

江들은 再會의 기쁨에 가슴을 풀리라

얼어붙었던 기슭도 들판도

슬픈 詩人의 가슴처럼 이 밤에 울리라

사랑하는 것들이여

아예 이 나를 닮지 마라

休日에

鐘소리 맑아 가슴 속 울려온다

새벽 안개에

먼 길 걸어와 旅塵을 푸는 마음

나른한 우수

休日이라

새벽잠 아쉬울까 눈 감아도

잠은 아득히 薄明에 밀려가고

江물에 떠오듯 살아나는 생각들

가도가도 아슬한 山일까

열두 해 살아도

못다 한 슬픔 못 다 가린 빛

季節은 푸르게 창문을 적시고
숱하게 지나간 休日의 그 아침처럼
날은 밝는데
오늘 하루 무엇으로 달랠까
아이들 성화
休日이라고 낭랑한 목소리

門밖에 찬데
鐘소리 씻겨간 빈 마음 이대로
아이들아
남은 이야기 내일로 미루고
오늘 하루 조용히 두어주렴
나의 休日을

幸福이 오는 것은

幸福이 오는 것은
이른 아침 열리지 않은 대문가에
소리없이 던져진 한 장의 봉합葉書
아무의 손에도 더럽히지 않은
먼 故鄕의 기별처럼 온다

다만 손에 놓고 어루만지기만 할 것
뜯어보기 전만이 가슴 설레는 바람이 있어
눈 뜨면 사라지는 綱膜 속의 綺羅처럼
한 점 빛 되어 흩어져 버리느니

하루의 고단한 雜務의 여가
엉클어진 備忘錄 속에서
잃어버렸던 한 장의 晚餐의 招待狀을
발견했을 때

우리의 마음은 가벼운 幸福의 可能에
가슴 설레나

행복한 것은 기다리는 時間만이
出發의 門에 섰을 때만이
아슬히 창 넘어 스쳐가는 下午의
조마로운 햇살을 보듯
잠시 빛나던 촉감만이 가슴에 남는다

어느 날 그대 함께
조촐한 宴席의 賓客이 되어
새로 핀 菊花나 코스모스의 香薰을 안고
사랑과 季節의 골목을 돌아간다면…
幸福은
바람 속에 소리속여 煖爐의 불빛 속에
昆蟲의 날개처럼 투명히 걸어온다
잡히지 않는 잡으면 흔적없이 사그라질

가을날 山골의 해맑은 空氣처럼

마음 벌판에 휘날리는 깃발

소리없는 鄕愁의 「트럼펫」

幸福이 오는 것은 내 마음속에 지나가는

또 하나의 아득한 발걸음소리

방황하는 意識의 어느 分岐點

다리 아래 물은 흐르고

한때 大輪의 花瓣이 소리없이 펼쳐지던 새벽

잔잔한 출발의 隊列에서

혼자만의 滿滿한 旗를 간직했던 시절

風雲을 예지하는 슬기로운 촉각과

휴식을 모르는 慓悍한 전진

불안한 時代의 明暗을 가르는

민감한 계절의 旗手이려 했다

젊은 날의 日蝕처럼 암울한 변고에 시들고

속에서 익어가던 山과일 같은 그리움도

바람에 떨어져

어느덧 生活의 비탈에 허덕이는 지어미

성그런 窓가에 가난은 소록 소록

눈발같이 쌓이고

古書처럼 낡아가는 가슴 艱苟한 세월에

무너지는 최후의 望樓 같은 家族과 平和

그것을 위해 일체의 意欲은 포기되다가

意識은 암담한 다리 아래 逡巡하는 물

사라지는 泡末같이 時代의 後門에서

不滅의 意味와 不眠의 밤들을 헤아리는 것

하나의 門이라도 아니면 하나의 脫出口라도

길은 있어야 할 외롭고 忍辱에 굽이치는 江

돌아가던 날과 같은 아득한 出口임을

먼 山허리에 메아리지는 소리

슬픔을 넘어온 峨峨한 山脈 黑畵처럼 솟은

陰影의 都市 그늘진 경사엔 비가 나린다

이제는 기울어진 一九五八年의 어두운 골목

마지막 投影할 불빛 하나 없는

암흑의 地角을

摸索과 逡巡하던 다리 아래 물은 흐르고

잠잠히 이끄는 한무리의 빛

바람속에 움직이는 最後의 星座인가

落葉의 노래

헤어지자 우리들 서로 말없이 헤어지자
달빛도 기울어진 山마루에
落葉이 우수수 흩어지는데
山을 넘어 사라지는 너의 긴 그림자
슬픈 그림자를 내 잊지 않으마

언젠가 그 밤도 오늘밤과 꼭같은
달밤이었다
바람이 불고 落葉이 흩어지고
하늘의 별들이 길을 잃은 밤

너는 별을 가리켜 永遠을 말하고
나는 검은 머리 베어 목숨처럼 바친
그리움이 있었다 革命이 있었다

몇 해가 지났나
자벌레처럼 싫증난 너의 찌푸린 이맛살은
또 하나의 하늘을 찾아 거침없이
떠나는 것이었고

나는 나대로 松皮처럼 무딘 껍질 밑에
무수한 血痕을 남겨야 할 아픔에
견디었다

오늘밤 이제 온전히 달이 기울고
아침이 밝기 전에 가야 한다는 너
우리들의 부르던 노래 사랑하던 노래를
다시 한 번 부르자

희뿌옇게 아침이 다가오는 소리
닭이 울면 이 밤도 사라지려니

37

어서 저 기울어진 달빛 그늘로

너와 나 落葉을 밟으며

헤어지자 우리들 서로 말없이 헤어지자

黃昏

하늘이 탄다
언덕도 지붕도 白楊나무 수풀도
모두 다 잔잔한 불꽃 속에
피어오른다

바람에 찢기운 삐라쪽같이 나는 아이놈들의
깔깔대는 웃음소리 언덕을 넘어 사라졌는데
나는 아직도 무엇을 기다리고 여기 섰는가

떠나가 버린 사람 이미 먼 들길
가르마 같은 흰 길로
木花꽃 지듯 사라져 버렸는데
보람없이 궁구는 太陽의 안타까운
火心을 향해

발버둥치며 가슴의 화살을 쏘고 또
쏘는 것

이제 大地와 등을 진 太陽의 그늘 속에
거짓처럼 뿌려진 슬픈 밤의 씨앗을
온몸에 이슬처럼 받으며
하늘과 땅 사이 끝없이 虛荒한
들길을 간다

아 여기 나의 魂魄이 묻히고 싶은
땅이 있다 하늘이 있다
마지막 불 붙는 太陽이 있다

悲歌

이 어둠을 뚫고 서리다
발을 고누며 힘껏 서리다
별조차 없는 그믐밤을
나 혼자 말없이 섬기오리다

샅샅이 어둠을 헤쳐가며
밝아야 할 아침을 기다리기엔
落葉처럼 애타는 덧없음여서
차라리 이 밤을 혼자 가리다

다음날 그대 물으시면
내 남겨진 노래 있어 대답하리다
그리움이 비껴간 저녁 窓가에
못 잊어 돌아앉은 碑石이라고

사랑이여
이대로 기다리다 무덤이 된들
낙엽처럼 시드는 날이 아니고져
가슴 저마다 그리움에 울 수 있는
이 어둠을 지새워 떠나가리다

별 이야기

汽船이 물을 실러 港口에 내리고
바다가 홀어머니 가슴처럼 울어 에는데
여기 드높이 나가 앉은 氣象臺의 밤은
차고 맑은 海域의 푸른 미역처럼
싱싱합니다

어느새 멀리 서울을 떠나온 어린 少年들
이렇게 별을 보러 초롱불 켜들고
모여 왔는데
철없는 少女 少女의 눈물 같은 것은
차라리 海潮에 날려 보내지요

· 어리석은 少女가 생각하는 것 ·

아마도 土星은 제일 먼 별이기에
아름다운 星環을 이루고 있는 것이며
샛별은 참담히 커다란 情熱의 流星이기에
生命의 짧음을 울어야 하지 않습니까

오늘밤 하루
太陽이 솟지 않는 별의 世界에서
六十億光年의 오랜 묵은 빛을
잠잠히 우러러 하늘에 엮으며
땅위에 여위어 가는
하나의 가난한 생명을 슬퍼합니다

누가 압니까
地球가 太陽을 맴돌 듯이
그리움이 하나의 목숨을 지향하면서
별과 같이 멀리 順行하는 밤은
차라리 太陽의 참혹한 광란을

바라는 것을

눈 감고 이리 가슴 설레는
별의 소리를 들어보시오
별의 흐름 별의 빛깔 별의 永遠
그 푸르고 붉은 原始의 樹木을 헤매는가요

天體도 星座도 그리움도
모두 다 한꺼번에 엉켜 흐르는
여기 氣象臺의 밤은
차고 맑은 海域의 푸른 미역처럼
자라납니다

가을

초라히 코스모스 한 다발 안고
어두운 밤을 돌아가는
내야 가난한 少女올시다
삼단 같은 머리도 머리에 들일
다홍댕기 한 감도 지닌 바 없는
다만 淑이 淑이란 이름만을 가진
이렇게 작은 몸이 落葉을 밟고
돌아갑니다

보십시오
달도 별도 없는 이 밤 하늘을
스스로이 지나가는 바람과 바람속에
살아나는 그리운 사람들의 숨소리
얼마나 먼 길이기에

한여름 다사한 햇빛도 못 쪼이고
이 바람 드센 가을 밤길을
옷자락 여미며 가야 합니까

아니지요
電線이 끊어지고 갈밭이 성한 곳
갈밭 고랑을 새빨간 피가 도랑져서
흐르던 날에도
淑인 어머니 치마폭에
다시 못 뵈옴을 맹서했습니다

가야 할 길
가야 할 길

가난한 少女가 살아야 하겠기에
이 밤도 이 어둠도 역겨움 없이
항시 꽃 한다발 가슴에 안고
그리움 속에 부르는
서리찬 十月이 있습니다

비 오는 날에

이렇게 가랑비 부슬부슬 내리는 날은
붉은 冊가위 낡은 詩集쯤 한 권 옆에 끼고
플라타너스 싹트기 시작하는 거리로
나서는 것이올시다

비에 젖어 아른거리는 鋪道며
축축이 지붕을 적시고 달리는 電車며
모두 다 잃어버린 옛이야기들처럼 그리워서요

나는 雨傘도 없이 맨머리로
우줄우줄 나서는 것입니다

鐘路로 世宗路로 많은 雨傘들 틈에 끼어
축축이 가슴속까지 적시우며

48

잊혀져 버린 작은 사람처럼 걸어갑니다

누가 나를 부르는 것 같아… 아니
누구의 입김이 스치는 것 같아
돌아다보는 길머리엔
이름 모를 사람만이 오고 갈 뿐

소리도 없이 비는 뿌리고 비에 씻겨
마음은 투명한 水晶같이 비쳐옵니다
지나간 날들이 아른아른 어려 오고

여기 水深 푸른 海底의
빈 골짜기를
내 마음은 地上에서 쫓겨난
異端의 女人처럼 걸어갑니다

紫水晶

어느 高貴한 女人의
남몰래 숨겨운 사랑의 結晶일까
속에서 타오르는 처염한 보랏빛
紫水晶 한 알

밤마다 펼쳐지는 帝王의 宮殿
榮華의 꿈은 象牙의 가슴에
얼어붙은 雪花 보랏빛 雪花

들에 핀 百合에 이슬 지는 마음
薔薇의 매혹은 차라리 천한 계집의
웃음이어라

자수정 그
물보라 깊은 神祕의 숲에
홀로 이는 悲戀의 불이여

지금은 黃昏

벗이여 지금은 黃昏

사람을 기다리는 時間

하루의 꽃이 지는 時間

붉은 노을 물드는 버드나무 마을길

돌아 돌아 긴 그림자

수풀 같은 언덕을 넘어서 간다

바다는 저만치 슬픈 落日에

잠잠히 어두워 가고

아득한 水路 南向한 어느 섬 언저리

그대 앉은 작은 창가에도

이 저녁 탱자빛 黃昏은

52

歡別〈麗史詩集 後記〉

총대도 탄환도 없이 오르는 壯途에
주먹과 가슴팍과 그리고 불타는 젊음만이
하나의 武器라고 웃음짓던 너

落葉도 목숨처럼 쌓이고
목숨도 落葉처럼 쌓이는 높은 山마루엔
靑春이 한묶음 꽃처럼 뿌려지리

너 가거던…
옳은 것이 그리워 너 가거던
부디 사랑과 같은것은 조그마한 이름으로
불러 두어라

…白雪이 휘날리고 얼음이 깔리련다

밤마다 하늘은 砲聲에 무너지고…

아 나는

얼어 붙은 窓밑에 손끝을 녹이며

너 돌아 오는 날

凱旋의 새벽까지 살아야겠다

十五年의 作業을 정리하면서 무엇인가 하고 싶은 말…

허나 그만 두자 모두가 하나의 自己辯護 넋두리가 되어 버릴지도

모르기에

다만 한가지 詩集名에 대해서 한마디 주석을 안할 수 없어

麗史란 十餘年前 釜山避難당시 어느 스승이 지어주신 이름

그분의 뜻을 고맙게 생각하여 『麗史詩集』이라 하였다

2. 結論

(序詩)

시의 外廊（人生의 外廊에서）

그대 나 보고
·왜 詩를 쓰느냐·묻거던
나 그대에게 답하여 물으리
그대·왜 술을 마시느냐·고

사내들이
허전한 黃昏에 술을 마시듯
女人들이
쓸쓸한 時間에 거울을 보듯

저마다의 窓에서
저마다의 몸짓으로
살아가는데

生活이 쓸고 간 마른 가지에
진한 크레파스
칸칸이 칠하듯 메꾸어 보는
모두가 목마른 가을 나무들

그대 醉하는
한 잔 술이
人生을 쉬어 가는
生活의 外廓이듯

내가 부르는 샹숑歌詞 같은
허름한 詩篇도
기실은 이름없이 떨어져 갈
詩의 나무 잎

오늘 내가 사는 公園
이름 없는 풀밭에

수수허니 왔다 가는 한 나그네

外廓의 人生의 獨白을 보라

모두 다 무상한 한 旅程에
언고 잃음이
주고 받음이

그대 나보고 굳이 묻지마오
・왜 남루한 시를 쓰느냐・고
나 그대에게 도시
・왜 술을 마시느냐・ 묻지 않듯이

나이와 더불어

때 없이 흐려지는
하늘이 있듯
까닭 없이 쓸쓸해지는
날이 있다

살아온 나날이 모두 허사 같아
겨울 꽃 冬栢 파랗게 피지 않는
매운 창가에
목이 메어 옷섶을 적시는 날

물론 인생을
불평하지 않기로 다짐했지만
때로 분배된 내 몫의 작은 그릇에
못내 섭섭하여 울먹이기도

情을 그리는 찬 손에
빈 그림자 잡히지 않고
한 잔 포도酒의 훈훈한 불빛만이
가슴 달래는

가슴도 없는
등을 부벼 기대볼
허전한 마음의 乞人
진실로 오늘은 매일 데 없이

춥고 쓸쓸한 겨울 한밤을
머리맡에 불 밝히고
밤새 잊으려 詩를 써 봐도
풀리지 않는 쓸쓸함이여
인생의 恨

해바라기 씨앗처럼

가슴 한 가위

나이와 더불어

크고 까맣게 영글어 가는

까닭 모를 슬픔 그게 무얼까…

風車

이제는 너 아닌 누구라고
함께 떠나야 할 마지막 時間인데
나는 아직 물풀같이 떠도는
妓女의 마음일까

그리움에 맴도는 나뭇잎 하나
붉은 色紙처럼 손 끝에 돌리며
멋없이 멋없이 徘徊하는 날

외로움이 진하면 거울을 보고
거울 속 눈물에 번져나는
희미한 얼굴
붉은 연지 꽃처럼 진하게 칠하며
웃어도 보는
뉘라서 알까만 背律의 差心

보랏빛 새옷이랑 갈아입고
검은 머리 꽃이랑 꽂고
나비 같은 마음으로 나서 보건만
짐짓 갈 곳이 없는…

너 없는 이 거리 어디로도
갈 곳이 없는
내 마음은 부칠 데 없는
가랑잎 葉書 한 장
바람에 돌고 도는 장난감 風車

이제는 너 아닌 누구라도
함께 떠나야 할 마지막 時間인데
나는 아직 물풀같이 떠도는
妓女의 마음일까

붉은 洋舘 긴 층계를 내리면서
문득 내 나이 이미 젊지 않음을
생각하는 날

지치고 아픈 날에

人生을 流行歌처럼 살 수도 있을까
약간의 흥분과 코에 걸린 哀愁
손끝으로 희롱하는 바닷물의 感覺

日本의 詩人 啄木의 노래였지

· 내가 아는 사람 모두 나보다 훌륭하게 보이는 날 ·

… 나도 그러헌 날
꽃이 아닌 流行歌나 틀어 놓고
흥얼거리니
詩도 말도 流行歌詞처럼 시시하구나
窓밖에 흩어지는 · 가을 나뭇잎 · 이라든가
아니 · 枯葉 · 이라든가

아무도 만나고 싶지도 않고
말하기도 싫은 날
누워서 눈 감고 생각에도 겨운데

멋없는 눈물 한 줄기 가슴에 흘려 보다
그런 것쯤 틀어 놓고
사라사테의 ·찌고오네르 바이젠·
스테파노의 ·무정한 마음·이나

落葉 한 장 버리듯
손 쉽게 葉書 한 장 띄우고
어디론들 가고픈

지치고 아픈 날은
그 쉬운 잠마저
멀리서 가물가물 오지 않누나

雨期의 詩

몇 날 몇 밤을 비가 오는가
바다만한 슬픔으로 누가 우는가
저토록 줄기찬 빗발이 되게
이 세상 마지막 날 같은 우울함이여

플라타너스 널따란 잎새마다
寒氣에 떠는
午後의 거리를 젖어서 왔다

등불을 켜자
마음속 구석구석 빗발이 지는
어둡고 눅눅한 가슴에 불을…

66

잿빛으로 닫혀 있는 작은 방마다

안개처럼 서려 오는 옛일마다

장미빛 불을 켜서 비쳐 주리라

입김으로 흐려진 젖빛 유리에

다시 없을 이름들을 썼다 지우는

마음도 비에 젖은 거리의 鋪道

친구여 우리 비 오는 날엔

文明이 利器 電話나 걸자

허전한 寢室에 불을 밝히고

지나간 옛일들을 音樂에 실어…

電線을 타고 오는

그대 나직한 말소리도

비에 젖어 축축이 울고 있고나

俗離旅舍

俗離 깊은 旅舍에
허술한 밤 자리

밤 새워
바람을 달래는데

山은 물을 안고

묻어 온 이승의
실밥 같은 설움들

이 밤엔
山이 품은 植物처럼 유순하거라

밤이면
눈물 한주름에

시진한 꿈들

새벽이면
이슬밭에 果木처럼
다시 싱그런

가슴 깊은 곳에
소소한 덤불
무어라 이름 지어 부르게 할까

이승의 율법으로 다스린다면
赦할 길 없는 異端의 女人
거두어 줄 바 없는 破戒尼이리

한 자락 떨치고 일어서면
구름 같은 몸인 걸

돌에도 나무에도
붙일 데 없는
꽃은 스스로의 가시에
목이 메는가

하늘과 땅 사이
두고 온 因緣의
메아리 소리

破戒

돌 틈 바위 밑
자갈을 가르며 흐르는 山水
그 사철의 山水 같은 마음으로
살아 왔거니

냉냉히 빈 방에
씻은 듯 정결한 가슴 한 세상
빛 바랜 紙窓처럼
香도 가시고

청옥빛 수련히 가라앉은 우물 밑에도
다스릴 바 없는 한 잎 갈이파리
떠 도는 마음
모두다 무심한 日月에 삭혀 왔는데

무얼까 새삼 꽃속에 숨은

蜜 같은 서러움

이 한밤에

타오르는 밤

한아름의 마른 裸木 더미로

아득한 세월들이

사람도 神도 사연도 없는

차라리 罪 하나

못 벗을 罪 하나 가슴에 짓고

마지막 목숨을 破戒하는

꽃으로 질까

가을의 祈禱

나의 글이
당신의 가슴을 뚫는
화살이 된다면
남은 한세상
못다 한 말들 솔잎 같은 말들
당신의 가슴에 쓰고 또 쓰리라

촛불 한 자루
마지막 불을 켜드는 마음
나에게
살아 있는 意味를 알게 하소서
목숨으로 비롯한 목숨의 歡喜
새삼 황홀한 落葉의 아름다움을
눈으로가 아니라 가슴으로

온몸의 핏줄로서
저리도록 느끼옵던 그 無量한 感泣

이제는 다만 寂滅한 慈悲의
微笑로 하여
희미한 길을 밝혀 주시는
당신은 나의 마지막 智慧
어느 날 恢盡할 歸路에
깜빡이는 등불

사철의 바람과 落照에 묻어 온
갈피없는 소망과 미운 마음들
단풍처럼 물들인 죄많은 꿈도
이제금 白布袈笠에 손 모으는
修道僧의 마음으로 참회합니다

눈물이라니 그리움이라니

지나온 時間들

짤린 나무의 생생한 年輪을
다시 새기듯
흰 原稿紙 까맣게 먹물 풀어
쓰고 또 쓰리라
이 목마름
풀게 하소서
살아 있는 意味를 알게 하시고
등불 밝혀 가는 길을
열어 주소서
이 가을에

回歸

가을잎 한 잎
빛나는 가지 끝에 머무는 햇살은
여름을 걸어온
해의 발자국입니다

소슬한 바람에 오스스 나부끼는
잎들의 잔잔한 아우성은
때를 알리는 時間의 손짓입니다

이제 저 많은 黃金의 작은 잎새들이
수만의 작은 새 새끼들처럼
노을 속에 부산히
먼 길을 차리고 떠나려 합니다

바람 속에
불빛으로 익어 온
回想의 날개를 달고
즐거웠던 이웃도 없이
그전날의 그들의 본향
흙의 무덤으로 돌아간다 하오니

거두어 주소서
당신······
자비로운 大地의 어머니
그도 우리도 모두가 끝내는
曠野의 한 티끌 같은 목숨들이매

이 좋은 가을이 다 가기 전

이 좋은 가을이
다 가기 전
우리 함께 가지 않으려오
솔잎이랑 가랑잎
나비같이 흩날리는
저 깊은 가을의 숲
나란히 함께 서면
당신의 어깨에 닿는 내 이마
기대어 보고픈 나무처럼 믿어운
가을 동산의 丹楓보다 화려한
꿈도 있나니
하나의 잎사귀와 열매 속에서
열 개의 소리와 수무 개의 빛깔을
생각하는 마음이
타고 난 詩人이 슬픔이라면

열 개의 소리
스무 개의 빛깔에서
하나만을 抽出하는
科學者의 冷嚴
사내들의 權威가 그것이라면

原色의 크레파스에
무참히 갈겨진 水彩畵 한 폭
가을은 그와 같은 詩人의 슬픔과
사내의 權威가
함께 오는 시절일까
들여다보면 비칠 듯 말 듯
흐려지는 거울 속
이 가을 못내 그려
타는 불 있어

그 눈 네게로 열려진
숲속 젖은 오솔길이어늘

이 간절한 기다림의 時間에

소리없이 지는 나뭇잎처럼

그렇게 수수허니 예고없이

올 수는 없을까

보고지운 사람아

아무려나…

이 좋은 가을이

다 가기 전

우리 함께 걷지 않으려오

솔잎이랑 가랑잎

눈발처럼 흩날리는

저 깊은 가을의 숲을

나란히 함께 서면

당신의 어깨에 닿는 내 이마

기대어 보고픈 나무처럼 믿어운

가을 동산의 丹楓보다 화려한

꿈도 있나니

原色의 廻廊

이 넓은 땅 어디엔가
한줌의 꽃으로 피어날 순 없을까
남몰래 山에 피는
가을 패랭이꽃으로라도

한세상 쌓여 온 서리
이슬져 풀리는 神話의 봄언덕
파란 새순인양 돋아난 내 마음

지금은 黃葉의…
숨 깊은 가을
하늘과 땅에 아픈 가을의 소리
가득 찼는데

내 마음 온통 핏빛 「살비아」로 피어 나거니

긴 시절 몰아몰아 막바지로 피어나는

情念의 꽃

原色의 廻廊

이제사 울게 하는

목숨의 虛失한 세월을

이제사 알게 하는

목숨의 하찮은 근원을

별을 헤이며 살아 온 마음이

우물처럼 고여

떠가는 구름이랑 落葉이랑

비치며 살아 온 마음이

이제금 흔들리는 목숨의 地層

불의 골짜기

여른여른 불길 져 타오르는

情念의 고비길 가을 廻廊에

눈도 없이 멀어가는 痴人의 꿈

靜謐한 季節에

한 줄기 눈물이 빛을 받아
반짝이는 이슬로
菊香 머무는 窓변의 黃色 季節은
슬픔이 정화되어 靜謐로 흐르는 시간

그리움이 열매 되어
成熟을 기다리던 가지마다
작은 새야 울음도 그쳤으리
얼음 같은 江물이 우리 앞에 있거니

· 잊어야 할 時間에 잊는 것은 슬기로운 智慧……·
바람이 일러 주고 가는 길에
門紙에 흔들리는 楓葉의 작은 그림자는

누구의 마지막 부끄러운 손일까

흰 모시빛 널린 듯 눈부신 砂丘에

한시절 기다린 사람

時節이었다

나즉히 흘러오는 노래인 양 감미로운

머흘대며 기다리던…

젊음이 아직 고운 眞珠빛 안개 속에

이슬이 빛나는 常夏의 나라에

너를 두자

별처럼 밤하늘에 박아 놓고

너를 부르자

이제는 집집마다 門을 닫고

안으로만 모여 앉는 계절이기에

잊어야 할 것들을 한곳에 살여 놓고

낙엽을 지피는 시간이기에

한 줄기 눈물이 빛을 받아

반짝이는 이슬로

菊香 머무는 窓변의 黃色 季節은

슬픔이 정화되어 靜謐로 흐르는 시간

九月

어느 고요한 下午의 窓밖에
언뜻 스쳐간 소낙비라고 하자
하늘 한구석을
雷聲같이 굴러간 짧은 時間

여름은 祝祭에 지친
흩어진 五色의 萬國旗
斜陽의 보랏빛 그림자
점점이 얼룩진 歸路
疲勞는 젖은 色紙처럼
가슴에 서리고

몽롱한 都心에 불을 켜는 시간

季節의 傳令 九月은

잊었던 旅愁의 窓을 닦는다

멀었던 사람들을 가까이 부른다

霜菊의 뜰에

이 아침 서리 밭에
성에 같이 피어 난 흰 꽃송이
식은 地熱의 찬 흙을 밟고
맨발로 내려 선 상큼한 목

빛도 향기도 서리에 얼었을까
너무도 담담 한 채 소슬한 얼굴

그 어디에 꽃다운 마음은
숨어 있을까
아니면 그마음 이리도 차가운 빛으로
새겨야 할까
도무지 가슴 한 뼘도 더울 수 없는
雪白의 氷心이

백날을 기다려 피운 꽃의 마음이라니

아예 초연한 구름길에

홀로 떠가는 鶴의 孤高

내 마음 그 위에 머물 길 없어

스스러히 돌아서는 나비의 슬픔

白色 무구한 氣品이야

안으로 닫혀진 당신의 門

나는 그 窓 앞에

사시절 붉게 타는 丹楓이리다。

時間은 빗물같이

흘러간 時間이여
당신의 作業은 참으로 偉大했습니다
모든 상처 위에 빗물 같은 香油를 내리고
아프던 가지마다 다시 꽃을 마련하는
忘却과 蘇生의 크나큰 섭리

지금은 저 그들 사랑하던 사람의
둥그런 손길 같은 플라타너스 널따란 잎새를
눈부시게 圓을 그으며
그날의 손짓같이 흘러내리는 窓가

긴 旅路에 시진한 꿈들 혼곤히 삭히는
먼 波濤 잔잔한 물결같은 시간입니다
시간의 부드러운 搖籃에 안긴
나는 피곤한 나그네임을

타는 熱禱와 폭풍의 曠野에
작은 새 새끼처럼 길 잃었던 그날로부터
몇 백 날인가
몸져 앓던 내 번뇌
이제 이슬과 같은 바람을 맑게 씻어내고

시간이 입혀준 樹皮의 喪服은 남루하나
하얀 나무의 아픈 속살 감추어 주니
낙엽이 갈피진 忘却의 溪谷을 내려가리라
거기 아직도 타는 골짜기 붉은 노을
흘러간 時間이여
여기는 아직 그대의 손 미치지 않는
이름 모를 나의 病室

더러는 지고 더러는 남은
앓는 落木이
다시 세월을 믿어보는 어질고 그리운
未練의 窓가
사랑하는 가족들 곤히 잠든

돌아오는 새벽

바늘에 실 따르듯… 이 한 때를
당신 곁에 나 따라 있음이
어쩌면 먼 海路에 돌아와 닻을 내린
작은 帆船이듯
잠시 한가롭고 낙낙하군요

포근한 술 기운에
풀리는 봄날 같은 다사로움이
강파르게 메마른
非情의 얼굴이 아니라서 좋은

내 마음 九天의 하늘을
당신의 손 미치지 않는 곳을
밤새 날으다 돌아오는 새벽

깃은 찢기고 밤이슬에 젖어
갈 바 없이 헤매다 돌아오는 새벽

당신의 숨결은 아늑한 浦口
얼근한 醉氣에 몽롱한 눈자위는
자욱한 안개 속에 피어난 등불
港口라 하자

四十年 기복하는 成敗의 쓸쓸함을
장밋빛 술잔에 묻어 보는 마음이나
하나를 못 잊어 날으다 돌아오다
방황하는 마음이나
마음은 하나의 지붕 아래
저마다의 길목으로 열려진 窓

날으다 돌아오다 말갛게 여위어가다
갈 바 없이 헤매다 돌아오는 새벽

당신의 숨결은 아늑한 浦口
얼근한 醉氣에 몽롱한 눈자위는
자욱한 안개 속에 피어난 燈불
그리하여 고마운 나의 港口라 하자

아내의 花園

거기 당신의 꽃 蘭草는 푸르고

여기 나의 水菊은 연보라

저 어린것들의 喝采 같은

채송화 밭으로 돌리운

단조롭고 평화한 아내의 花園

아침 해 이슬 먹은 잔잔한 숨결

아내의 기원은 낱낱을 더듬는 갈망의 손

당신은 거기 있어도 없는 듯 보이지 않는

햇빛으로 물 주는 至上의 慈養

알맞게 차려진 四時節 고운 울안

당신의 無心과 나의 有心이

그물처럼 얽어진 담쟁이 안에

아이들은 아침마다 뻗어가는 나팔꽃 줄기
할아버님 이슬 같은 마음도 함께
봄 여름…

기다림과 黙願에 커가는 슬기

무참히 한 손에 다스리지 마오
기실은 보다 큰 神의 뜻임을
무심히 자란 한 포기 雜草인들
달빛으로 그물 짜는 빈 울안에
솔잎에 비 내리고

한 포기 또 한 포기
슬픔 같은 病困 같은
雜草를 뽑아가는 쉬임없는 作業에서
우리의 花園은 정결한 기쁨으로
다져지리니

오늘 무성한 여름 花園에
原色 같은 부끄러운 한 포기 雜草를
심었다 한들
웃으며 보아 주오
당신의 착한 하늘의 슬기로
끝내 다스려질 花園이기에

저녁 鍾

먼 너에게 편지를 쓸까
퍼 논 종이에
물방울 떨어지듯 지는 종소리

저녁 소슬한 나무숲 바람처럼
청청히 울려오는 소리의 虛
알알의 검은 默珠의 흔들림

내가 사는 마을 낡은 寺院에
그 늙은 종지기 할아버지
오늘은 무슨 시름 있기에
둥글고 고루던 종소리
떨리듯 흔들릴까

水陸 千萬里 아득한 異都
네가 산다는 뉴오르랜스의
낯선 지붕 아래도
지금쯤 센트루이즈 大寺院의
새벽 종소리 울려 올까

저녁 그늘이 진다
東方 코리아의 서울엔
희미한 마리아의 後光 같은 노을 속
소리는 먼 하늘에 번지는 바람
뜰에 내리면
더운 입술에 이슬 추기듯

우리들 어린 날도 살아 오누나
그 속에 그리운 曲藝師의 징소리 울리던
童話처럼 깜박이는 저녁 종소리
코리아의 아이들 가슴마다에
가난하고 착한

하얀 민들레 씨

아기야 업어 줄까
내 아기 엄마 등에
하얀 민들레 씨
바람개비 날릴까

옛날의 내 어머니
나에게 그랬듯이
지금 나 또 네게 주는
오직 하나의 情
母情의 아득한 무지개 다리

좀더 예쁘게
좀더 슬기롭게 태어나줄 것을
주고 주어도 준 것이 없는

아기에게 엄마는 슬픈 債務者

무우밭에 피어난
장다리꽃 같은 걸까
주절이 꿈을 열은
葡萄園의 가을일까

어루만지리
내 착한 아들의 손길이라
새벽바람 홀로 가슴에 불면
모두 다 가버린 빈 果園에

어느 날 落魄한 그 分身들
돌아와 곤히 내 곁에 누우면
아기야 다시 한 번 꿈길에
내 아기 엄마 등에
하얀 민들레 씨

바람개비 날리자

세상은 너와 나 모두가

허망하게 날려 보낸

꽃씨 주머니

果園日記 1

한 나무가
그 가슴에 피우는 꿈을
꽃이라 하면

한 마음은
그리움을 키우는 어둠의 果木

사람이 사람을 사랑했단들
그것이 무슨 罪되리까

사람이 사람을 미워했단들
그것이 또 무슨 罪되리까

봄이 오면 싹이 트고 꽃을 피우듯

사람의 마음도
철 따라 새 옷을 갈아입는 것

모두 다 소박한 人間의 果園에
무수히 맺혔다 떨어지는 꽃잎인 것을

단 한 개의 크고 빛나는 열매를 위해
무수히 맺혔다 떨어지는 꽃잎인 것을

꽃은 꽃대로 丹心의 扮裝
잎은 잎대로 수수한 說話

저마다의 보람으로 살아가면서
하나의 宇宙를 이룩합니다

우리의 果園에도 마르지 않는
이슬찬 果木을 키워야겠는데

무수한 인내와
아픔의 발자국을 모아 봅시다

어쩌면 거기
눈부신 새벽이 보일 듯도 하고

어쩌면 거기
차분한 노래가 들릴 듯도 하고

아니면 어느 暴風에 무너져버릴
落果 늠리한 前夜일지도 모를

허나 아직은 창창히 흐르는 江줄기 같은
그러한 紐帶라 생각합시다

果園日記 2

내일은 당신께 微笑를 바치고
모레는 또 하나 눈물을 드릴진정
오늘만은 나를 위해 노래하게 하십시오

검은 그림자만 타오르는 謠
서투른 내 기도는 말을 잃고
손 시린 窓가에 엎드려 머리 풀면

무량한 검은 늪은 눈물로 차고
정결히 씻은 손엔
촛불 켜 반쳐 든 흰빛 水蓮의
마음 한 가닥

·이것은 罪가 아니오·

·이것은 罪가 아니오·

人間이 피운
이승의 막바지 渴願의
蓮花입니다

다시 말하면
무한한 한바다에 한 자락 푸른 섬을
바라보는 눈길일 테고

기왕에 내가 왔다 돌아가는 山길에
한 모금 藥水로 목 축이는
마지막 路程의 기쁨일 테니

오늘 내 마음을
바람 부는 언덕에
한 조각 風船으로 나르게 하십시오

눈이 시린 그 모습을
한바다의 섬으로 머물게 하고
목이 마른 山길에 한 모금 샘물로
흐르게 하십시오

果園日記 4

오늘은 이만쯤서 악수를 하고
내일은 또 한발짝 멀리서
고개 숙이고

그러다 아주는 잊어 가버릴
뿌리없는 나무의 잎새 같은
인연이라 생각하지만

하늘에 뿌려진
銀河 같은 사람 속에
솔잎 같이 많은 이름들 속에

꼭 하나만을 가려내어
서로의 가슴을 주고 받음이

어쩌면 運命이라 생각하지 않습니까

오늘은 · 당신 · 이라 이름을 주고
내일은 모르는 체 헤어져간다 해도
잠시 쉬어 간 인연의 샘터에
목이 시린 물맛이야 잊겠습니까

고요히 흩어지는 꽃잎을 보듯
그대의 힘으로는 다스릴 바 없는
因緣의 果園에 모여 선 분들

오늘은 이만쯤서 손을 흔들고
내일은 또 한 발짝 멀리서 눈길 거두고
그러다 아주들 잊어 가버릴

사랑이건 미움이건
목이 겹던 그날들이

접고 보면 한 권의 책에도
남지 못할 이야기들

廢園일 테니
언젠가는 표표히 바람 부는
알알의 열매로 푸는 果園도

가고 또 오는 인연의 廣場에
흩어진 잎새들을 더듬어 보는
마음도 가고 오는 바람인 것을

詩의 슬픔

오래 품어
사슴같이 길러 온
말 한 마디

꽃잎으로 에워 싼
노란 암술 하나
한 가슴에 받들 듯
긴 세월 남몰래 키워 온 말입니다

해와 달이 바뀌어 가는
日月의 窓밖에
사철의 花色이 스며드니
달랠 길 없이 터 오르는 목줄기
머리채 검고 눈빛 젖은

나이 찬 계집애로 자라나서
막을 길 없이 달려가눈요

어느 날 내가 당신 앞에
그 말 한 마디를 드리고 나면
나는 그만 하늘 끝에 닿버린
저녁 해
까맣게 타버린 꽃씨입니다

그말 한마디만이
그 가슴에 남아
뿌리 고운 사슴으로 살아주기를
오래오래 향기되어 피어 주기를

나야 검게 영근 씨방 하나
가지에 남기고
뚝뚝 떨어져 가버릴
五月 어느 날의 꽃잎이어도 좋은…

하많은 四月 풀밭에

하많은 四月 풀밭에
목숨의 餘滴처럼
돋아난 풀‥ 내가 사는 건
그 누군가 눈 감으면
눈썹 속에 담겨지는
하늘빛 푸른 그늘
그처럼 삼삼한 빛깔이고져

옮기는 자욱 발자욱 마다
연 옥색 안개이며 풀이슬같이
축축히 젖어드는 그 옷깃에
절절히 감겨 보는 눈 눈길이고져
百花 난만한 옛 동산에
이름 없이 잊혔던 꽃의 서러움

花神의 命令을 못내 그려도
부르심 없던 그날… 그리하여

나 여기 여기 있으니
부끄러히 罪처럼 이곳에 돌아났으니
살피소서 거듭 살피소서
그 귀결에 바람으로 스쳐보는 소리이고져

내가 사는 건
이름 없는 나의 詩가 먼 훗날
실뿌리 내려 깔릴 고운 내 무덤 가
가지런히 피어날
몇 포기 하늘색 勿忘草고져

無心

나를 밟고 가십시오
나는 당신 발 아래
보일 듯 말 듯 열려 나간
한 줄기 이슬진 오솔길이니

六月은
푸른 香油에 머리 감아 빗고
미루나무 숲길로 오는 女人
알알의 이슬로 그 옷깃 적시며

밟히는 자욱마다
아슬히 흩어지는 풀잎의 嘆聲
솔솔이 풀려나는 실오리 같이
어제가 오늘 같은 옛길에 서면

풀밭에 막힌 물은 뿌리 밑으로
자갈밭에 막힌 물은 자갈 밑으로
고요히 머물다 다시 흐르는
마음도 그 같은 물길인 것을

어서 와 마음대로 밟고 가십시요
아니 조용히 인생을 걸어 가십시요
오솔길에 숨은 사연이야
그대 아예 아실 일이 아니어든

어떤 葉書

· 모래 위에 밀려온 조개껍질처럼 외롭구나 · 어느 여대생의 遺書에서

세상에선
어머니의 눈물밖엔
받은 것이 없습니다

지고 갈 負債 또한
당신의 싸리꽃 같은 눈물뿐

사랑도 가고 보면
어린 날의 부서진 玩具

물맛처럼 싱거워
남은 것 없고
무지개로 빛나던
幼年의 별들

지금은 電線에 걸린

외로운 紙鳶

일체의 渴望이 꽃피던 날

일체의 渴望이 凋落하던 날

地上은 차라리

復活의 새벽처럼 빛나더이다

·아듀·

·아듀·

한번 크게 울려보는 鍵盤의 키

끊어진 五線紙에

歌詞는 단 한 마디

·쓰일 바 없어 그만 갑니다·

哭(故 師範大學 愼驥範先生 靈前에)

반쯤 센 머리 쓰러 올리고

검은 테 眼鏡 벗어 책상에 놓면

으레 出席簿 먼저 펴드는 습관이며

좀 게으른 작난꾸러기 학생들

풀을 죽이는 무척도 허물 없는

꾸지람도 있었습니다만

한결같이 입으신 褐色 양복이라든가

좀 구부정하게 굽으신 걸음걸이랑

어느 복도에서 만날지라도

틀림없는 이 학교의 기둥이었습니다

그날 校庭의 巨木 하나 쓰러지듯

철부지 어린놈들 뭇매에 견디시며

한 마디 抗拒도 변명도 없이

거룩한 聖典처럼 남기신 말씀있어

·그도 역시 나에게 배웠기 때문이다·

五十平生 바람 비에 에워가며

길러 온 작은 놀들이라서

그처럼 당신을 원수같이 미워했다면

·그도 역시 나에게 배웠기 때문·이라고

지금쯤은 어디서

쓰디 쓴 웃음을 지으십니까

아득히 돌아다 볼 수 없는 億土이래서

반白髮 허위허위 굽으신 등을

지탱할 短杖 하나 없이 가시는 건지

손 들어 부를 곳조차 없는 허망함을

나는 누구에게 물어야 합니까

당신이 가신 하늘가 한 구석에

적으디 적은 놈들이 있어

오늘도 목메어 부르고 또 불러 봅니다만

정녕 가신 길이 이렇게 멀 줄이야

철부지 어린 놈들인들

어찌 미처 몰랐드랍니까

(一九四七年)

돌아오지 않는 校庭에

· 麗主 나루터에 숨진 安養與安校 어린이 마흔아홉의 방울진 넋을 위해 ·

마흔 아홉의 방울진 넋

피진 목소릴까

아니 물결에 묻어 온

바람일까

내 아들 밋밋한 얼굴에 가슴 풀던 것

밤이면 어미 곁에 곤히 잠드는

세상에 그리운 것 많아 울어도

가난함이라

밤새 조르던 삶은 달걀 하나 없이

알사탕 몇 개

설날처럼 달려가던 새벽 안개 속

아가야
이승의 因緣이 그것뿐인 걸
우리 미처 알았던들
어버이 가슴에 꿈이야 심지 말 걸

마흔아홉의
돌아오지 않는 校庭에
마지막 꽂아 준 꽃핀 한 개

雜草의 辯 (풍차후기)

이 노래는
보챌 길 없는
밤을 위해 달래 온
女心의 忍歌

아는 이 없는 푸르름에
호을로 타도록 기울이던
後園의 雜草

나날의 哀歡을
枝葉에 담아
서투른 墨畵처럼
그려 왔거니

탓하지 말자
눈 먼 女人의 生日처럼
민망한 나의 노래를
다음날 내 아이들 자라
저마다의 旅窓에서
서성대는 날

가난한 어미의
마음의 遺産 이 한 卷을
·들의 百合·처럼 바치리라

그들 가슴에
죽지 않는 ·한알의 밀알·로
심어지기를

3. 참아보기로

裝飾論 1

女子가
裝飾을 하나씩
달아가는 것은
젊음을 하나씩
잃어가는 때문이다

· 씻은 무우· 같다든가
· 뛰는 生鮮· 같다든가(陣腐한 말이지만)
그렇게 젊은 날은
젊음 하나 만도
빛나는 裝飾이 아니었겠는가
때로 거리를 걷다 보면
쇼윈도에 비치는
내 초라한 모습에

사뭇 놀란다

어디에

그 빛나는 裝飾들을

잃고 왔을까

이 피에로 같은 生活의 衣裳들은

무엇일까

안개같은 疲困으로

門을 연다

피하듯 숨어 보는

거리의 꽃집

젊음은 거기에도

滿發하여 있고

꽃은 그대로가

눈부신 裝飾이었다

꽃을 더듬는
내 흰 손이
물기 없이 마른
한 장의 落葉처럼 쓸쓸해져

돌아와
몰래
진보라 고운
紫水晶 반지 하나 끼워
달래어 본다

裝飾論 4

女子가
裝飾을 하나씩
떨어버릴 때
씻은 그릇처럼
정결해질까

덤불진 넝쿨
잎을 떨구고
후미진 골짜기
빛은 스며도
겨울 나무숲 바람에
떠는가
끈질긴 사슬
엉긴 뿌리 밑 속으로

비쳐 오는
孤獨의 눈
人生의 눈
절절히 깊어가는
살 속의 靜寂

…裝飾은 이제
풀밭에 부서진
여름날 玩具
사랑도 裝飾같은
기억 속의 季節
허허로운 寒天에
우는가 裸木
가지마다 차가운
바람의 曲藝

한 장 나뭇잎을

마지막 띠는
나무는 渾身의 힘으로
견디는 게다
바람속에 피 흘리는
十字架처럼

女子가
裝飾을 하나씩
떨어가는 것
落木하는 나무의
흐느낌으로
짙푸르던 한 生涯의
진한 아픔을
조용한 下降 속에
견디는 거다

訪問 1

먼 後日… 내가
유리병의 물처럼 맑아질 때
눈부신 素服으로
찾아 가리다
門은
조금만
열어 놓아 주십시오

잘 아는 노래의
첫 귀절처럼
가벼운 망설임의
門을 밀면
당신은 그때 어디쯤에서
환히 눈 시린
銀白의 머리를

들어 주실까

알 듯 모를 듯
아슴한 눈길
비가 서리고

煖爐엔
곱게 세월 묻은
주전자 하나
숭숭 물이 끓게 하십시오
손수 茶 한잔
딸아주시고
가만한 웃음
흘려 주십시오

窓밖에 흰 눈이
소리없이 내리는
그런 날 午後에
찾아 가리다

訪問 2

門은
조금씩
열어 놓아 주십시오

까맣게 닫힌
솟을한 壁같은 門은
막막한 하늘처럼
손 댈 곳이 없습니다

돌아 선 등어리에
싸늘한 拒絕의 눈길이 있듯
닫힌 門엔
아득한 彼我의 斷絕이
모든 不在의 막막한 설움이

메아리져 돌아오는
막다른 골목에서
어린 날 간절히 祈禱하던 마음

門은
조금만 열어 놓아 주십시오

내가 가거던
조용한 망설임의 숨결로
헤아려 주십시오

열린 門을
조금씩 안으로
밀어가는 기다림

運身의 힘으로
꽃을 터치는

꽃껍질의 마지막 아픔이
서려 옵니다

당신 어서
그 門을 조금만
열어 놓아 주십시오

이 고요한 訪問을
그대 융숭한 눈길에
쉬어가게 하십시오

斜陽의 時間

바람이
南으로 떠나고 나면
나무는
이름 모를 외로움에
젖어든다

한밤을
가지마다 흔들어 놓고
새벽 안개 속에
떠나는 바람

나무는 스스로 내린 뿌리의
흔들 수 없는 무게를 생각하며
조용한 아픔에

잎을 떨군다

밤으로 흘러간

기나긴 여름

빛나던 日光이며

낮익은 목소리

짙푸른 설레임의

아린 記憶들

지금은

안으로 分解하는

解離의 시간

나무는

저 혼자 생각에 겨워

가을이 채색한

그림 속에 서서

아직은 젊은 獸身처럼

온몸에 귀를 세워

숱한 잎새들의 귀를 세워

먼 데 소리에

戰慄한다

다가오는

발 밑의 막막한 그림자

斜陽의 어두운 時間을 헤쳐

그 여름 한 철은

그 여름 한 철은
빛나던 세상
山 넘어 하늘은
갓 빨아 물 들인
모시 옥색 다듬이
청솔나무 가지 끝에
윤나던 未來

보리이삭 튀기듯
튕겨만 보낸
하나
　　둘
　　　셋
　　넷

戀書의 消印

풀밭에 찬란한

이슬의 幻覺

겨울은 잠시

씨의 아픔으로

속에서 파묻치던

고요한 몸살

굳은 땅을 후비고

뿌리를 받는

가녀린 가지들의

어린 아우성

노래처럼 쏟아지던

봄을 넘어서

그 여름 한 철은

눈부신 세상

싸리꽃

패랭이 꽃

初戀의 꽃

지금은 모두

묵은 葉書들

휘파람 같은

바람에 날리며

풀밭을 돌아

馬車를 달리는

저녁 노을 길

머플러를 두르고

色眼鏡을 쓰고

밀짚모자 밑으로

호젓이 지나가는

그 여름 길

後悔 그것은

젖은 옷에
알몸을 싸듯
허전하게 드러나는
裸身의 恥部
가릴 바 없는
露天舞臺 위에
잃어버린 臺辭
공허한 입술
坐席없는 祝宴에
홀로 밀려나는
困辱의 村婦
하얗게 바래가는
미운 마음의 몰골

사랑하지 않는

밤의 肉情 같은

무너지는 肉情같은

嘔吐 嘔吐

찢기운 꽃잎에

쏟아지는 빗줄기

그 아픔이

가장 깊은 恥心의 門을 여는

밤의 빗장

…하여

後悔 그것은

意識의 알몸에

쏟아지는 눈길이다

鈍重한 사슬에

묶인 살이다

春困

나는
病든 사내
바람에도 꽃내음에도
숨이 찬데
봄은 바람 난 아내처럼
개나리 울타리에 서서
웃고만 있다

머리를 풀고
머리를 감고
나날이 물차게 피어오르는
나이 어린 아내처럼
눈이 부시다
病席의 사내는 목이 마르다

무심한 아내가
개나리 울타리에 숨어버린 채
긴 날을 꼬박 해해대기에

노오란 울타리만 지켜 보느라
황달 든 눈처럼
물이 들었다

박우물 Ⅱ

새벽이면
삼단같은 머리채
빗어 올리던
우리네 어머니의
東洋의 하늘같은
맑은 물거울

그 또 할머니가
아침 해에
비쳐 보던
愁心의 물거울

삼베치마
아슥한

중앙아시아 기행문학의 담론과 기행문학의

古宮에서

은실같은 비는
깊은 속 갇힌 추억처럼
내리고 있었다

꽃분홍 철쭉은
잃어버린 시절의 嬌聲처럼
피어 있고

湖水로 돌아가는
좁은 小路에
오늘보다 新鮮한
어제가 온다
입 다문 湖水가
千年의 石塔 앞

목마른 하루가
옛날처럼 저므는데
헤푸게 써버린
그 많은 時間의
나머지를 겨냥하며

나는 지금
新綠처럼 피어나는
또 하나의 이야기를
들려줄 사람이 없다

望鄉 八月

나무 나무들은
고요한 祝祭
손 잡고 한 줄로
새파란 하늘에
다리 놓을까

끊어진 京義線 北으로 八百里
한 밤도 한 낮인 양
더운 地熱
사과나무 익어가던
望鄉 八月
北行의 歸省列車
고동이 울고
열다섯 · 에미나 · 車窓에 서성이며

새파랗게 잎이 피던
여름은 갔네

풀 냄새 사과 냄새
살 속에 젖던
비 오는 天柱山 두메 山길
墓碑 없는 산소 하나
풀밭 됐겠지

머리 풀어 흩날리며
北鄕에 가자
八月 그 山野의
숲으로 가자
나이 먹어 이제는
기막힌 그리움도 설움도
바람 같데만

풀 냄새 사과 냄새

가슴에 저린

그 한잔 칼칼한 노을빛의

麥酒香이 넘치는 숲으로 가자

七月夜祭

고히 잠드소서
무주 공원에 계옵신 분
水蓮 백자기에
국화香 사루오니
이 情 내음으로 운감 하소서

오늘밤
地上의 밤불이
치렁치렁 흐르는 건
불마다 이슬비에
젖었기 때문이오
방울 방울
물감지는
밤비는 색동실

물 묻은 꽃초롱들

하늘에 켜고

빙글빙글 돌아가는

무지개 風車

땅 위의 소음이

絃樂같이 아련한

天上엔 이 한 밤

기나긴 流離의 별 두 개

牽牛와 織女의

고달픈 사랑도 피어나리라

한밤을 적시는

銀河 맑은 이슬비에

찬 머리 감아 빗고

잊었던 사람 하나 생각 하온들

罪될 리 있으리까

古代 한아비 불을 발견하는
莫嚴히

입추

햇살은
銀쟁반에 하이얀 모시 수건(陸史詩句)

果樹園의 지름길에
立秋가 선다

여름이 櫓를 젓는
저문 들판에

태양이 부서진
알알의 검은 구슬

구슬마다 아른대는
處暑의 江

잎새마다 울려 오는

바람의 別曲

목이 길어 쓸쓸한

가을 사람들

꽃자주 물

앞섶에 얼룩이 지며

새벽의 포도밭에

맨발로 간다

긴 그림자

안개 속에 풀며

이슬 송이송이

담으러 간다

問答

왜 왔는가
목숨의 來意를
물으십니까

웃을 수밖에
망연히 고개 숙여
다만 알길 없어
…하면

군이 또 한 번 물으시면
·글쎄… 나 역시 모르노라·
대답 할 밖에

먼 길 걸어오기

그만 바빠서
젊은 날은

허둥댔을 뿐
바늘허리 실 매 쓰듯

한번쯤 골똘히
人生의 來意들
생각해 볼 걸

어디서 와서
어디로 가는 걸까
멀고 먼 旅路

한 장 가랑잎에
가을을 알 듯
문득 가슴에 시려오는

새날의 기별

스물은 이제
아득히 멀어서
희미한 記憶

서른이
꽃잎처럼 아쉬어지는
사십의 싸늘한
고개길에서

늦지야 않았으리
十一月 찬서리에 홀로 피는
淡香의 菊花 菊花 꽃인 양
조용히 하늘 가에
서 보는 마음

歸路

이제
이 만치에서
나 그만
당신께
하직합니다

이승에
진 빚은
별로 없지만
남은 아픔
홍건한
가슴 있으니
이로써 내 人生
풍성한

저자 아니리

돌아가는
歸路가
혼자라 한들
가난한 農婦의
한가위 만한
달빛어린 웃음인들
아니 없으리

이제
이만치에서
나 그만
당신께
하직합니다

裝飾論(後記)

무언가 조금씩/ 잃어가고 있다/ 미루나무 뾰죽한/ 새순의 感動을/ 나무 아래 흘리던/ 앳

된 微笑를… 旅行 1

삶은 조금씩 나에게서 新鮮한 것을 애띤 것을 잃게 하고 자주 흐느끼던 感性의 섬세한

觸角마저 무디게 하면서 얼마간 차고 冷笑的이며 무관심한 他人의 눈길을 닮아가게 하고 있었습니다. 때로 어기찬 슬픔 앞에서도 덤덤히 表情 없이 굳어져 있고 보다 자주 眩氣症처럼 밀려오는 疲勞에 간단없이 休息을 갈망하기도 합니다.

진실로 부담 없는 영혼의 안식처 나를 던지듯 오뇌를 담을 수 있는 깊고 평안하며 靜謐한 下午의 椅子 빛 속에 잠드는 椅子와도 같은 안식처가 소원되어지기도 합니다.

기실 나는 詩를 찾아 이제껏 방황하며 旅行하다 마침내 피곤하여 돌아온 나그네.

詩의 길은 멀고 그 門을 두드리는 손은 점차 무디고 약하여 자주 두려움을 동반합니다.

때로 失意에 찬 날은 詩의 문 밖을 徘徊하며 나는 겁 많은 迷兒가 됩니다.

淸新한 感覺도 躍動하는 生命感도 潑剌한 言語의 날개도 잡히지 않는 희미한 斷想의 어른거림 속에서 별 수 없이 길 잃은 시의 迷兒가 되고 맙니다.

落日은 나에게 많은 것을 일러 줍니다.

· 헤프게 써버린 그 많은 時間의 얼마 남지 않은 나머지 · 를 잠잠히 일러주며 또한

· 아직은 타고 있는 미루나무 숲에서 홀로 같은 노을을 가슴에 싸는 ·

삶에의 또는 詩에의 旅行의 먼 行先地를 啓示해 줍니다.

살아 있다는 것은 곧 움직인다는 命題 아래 나는 落日의 運命을 좇아야 하리라 생각합니다.

存在의 本質을 찾아 詩에의 鑛脈을 찾아 나의 旅行을 아직은 계속하지 않으면 안 되리라 생각합니다.

1968년 11월 13일

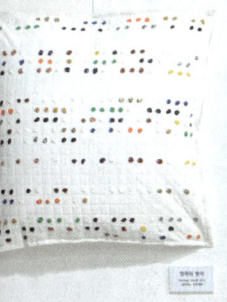
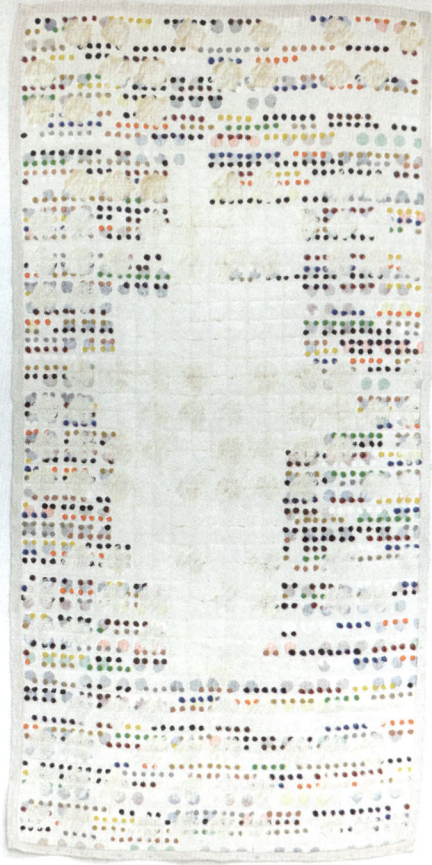

3녀 양주혜 作(빈자리)

몸가르치

난초꽃, 그 눈부신 청아함이 되신 어머니

김화영
(문학평론가사위)

장충동에서 약수동으로 넘어가는 언덕마루의 체육관 건너편 골목을 들어서면 오른쪽에 '언덕상회'라는 오래된 가게가 있고, 왼쪽에는 지금은 유명한 독일 제약회사의 보라색 타일 건물이 들어서 있지만 옛날에는 '이병철씨 집'이라고 불리는 대 저택의 돌담과 넓은 정문이 있었다. 그 골목 안 신당동 성당 맞은편은 조붓한 내리막 골목길이다. 그 입구의 오른쪽 첫 집은 '조지 백'이라 불리던 옛 연세대 총장 백낙준 박사 댁이었다. 그 댁에서 내리막 골목을 내려가다 몇 집 건너가 서울 중구 장충동 1가 50-13. 차고 대문 옆으로 난 작은 출입문을 열고 들어가면 회양목 낮은 울타리를 따라 소로가 나고 3개의 화강암 계단을 오르면 곧 2층 베이지색 양옥 현관이다.

오른쪽에는 큰 감나무가 한 그루가 서 있고 그리 크지 않은 정원에는 향나무 몇 그루가 담장 너머 골목을 내다보고 있다.

1976년 가을 어느 날, 나는 난생 처음 이 집의 문을 들어섰다.

반백의 머리숱이 풍성한 장발에 60이 좀 못 미치는 어르신이 웃음으로 가득한 얼굴로 목제 흔들의자에 앉아계셨다. 그분이 앉아 계신 흔들의자와 직각으로 놓인 소파에는 검정색과 붉은색, 노랑색 꽃무늬를 넣어 털실로 짠 커버가 덮여있었는데, 그 푹신한 소파의 등받이에 기대는 법 없이 상체를 꼿꼿하게 세운 자세로 비슷한 연배로 얼굴윤곽이 뚜렷한 미인형의 여성분이 아주 약간만 미소를 띠다가 짐짓 무표정으로 돌아간 얼굴로 앉아 계셨다.

그분들 앞에 34살의 총각 교수 하나가 어정쩡한 자세로 서 있었다. 그 댁의 셋째 딸과 결혼 허락을 얻기 위하여 찾아온 것이다. 이렇게 하여 나는 장차 장모님이 되실 시인 홍윤숙 선생을 처음으로 대면하게 되었다. 결혼의 허락을 받는 일은 쉽지 않았다. 언제나 흔쾌한 웃음이 얼굴 전체를 가득 채우는 바깥어르신은 별다른 반대 없이 줄곧 호의적인(적어도 그렇게 해석되는) 표정을 짓고 계셨지만 안주인이신 홍윤숙 선생 쪽에서는 몇 가지 던지는 질문들이 더러 힐난에 가까울 만큼 호감과는 거리가 멀게 느껴졌다. 선생은 끝내 확답을 주지 않

으신 채 우리를 내보내며 식사는 집 밖의 동네 식당에서 하
도록 하라고 일렀다. 유난히 아끼셨고 더군다나 결혼하기에
는 아직 너무 어리게만 보이는 셋째딸을 곁에서 떼어내려는
그 천둥벌거숭이 청년이 미웠을 것이다. 내가 그런 결정을 이
해하기 위해서는 오랜 세월이 지나 딸들을 결혼시켜보는 실
제 경험이 필요했다. 그러나 장래의 아내와 나는 별로 걱정하
지 않았다. 성인이 된 젊은 남녀의 자기 결정권을 존중하는
장인어른의 암묵적 보증을 받고 있었기 때문이었다. 그 골목
안으로 함을 지고 들어와 "함 사세요 함!" 하고 짓궂게 고함
치며 장모님의 애를 태우던 내 정다운 친구들, 김현, 김승옥,
김치수, 유평근… 더러는 세상을 떠나고 더러는 외국으로 떠
나고 더러는 침묵 속으로 떠나고… 이제 나 혼자 덩그러니
남았다.

그로부터 39년이 지난 금년 10월 12일 월요일 햇빛이 환한
아침, 아내와 나는 늘 그렇듯 양평 옥천에 있는 숲속의 집에
서 주말을 보내고 있었다. 아내가 휴대폰 전화를 받았다. "뭐
라고요? 숨을 안 쉬시다니, 그게 무슨 말이에요? 어머니가 왜
숨을 안 쉬어요?" 우리는 허겁지겁 차를 몰아 서울 신사동
어머니 댁으로 달려갔다. 대원 칸타빌아파트 16층, 멀리 남쪽

으로 도산공원을 포함한 시가지가 내려다보이는 창문으로는 가을빛이 가득히 들어오고 있었지만 그 빛이 내겐 유난히 흐리고 스산했다. 어머니는 침실의 낯익은 그 높은 침대에 주무시듯 누워 계셨다. 집안을 지키던 도우미 아주머니와 요양사가 미처 손을 쓰지 못한 듯 입을 벌린 채였다. 기력이 쇠약해지신 것은 알고 있었지만 식사도 그런대로 잘 하셨고 특별한 이상 징후는 없었으니 예상하지 못한 일이었다. 아침 식사를 평소처럼 하시고 잠시 쉬시겠다고 침대에 누우신지 불과 10여 분 뒤였다고 한다. 이렇게 홍윤숙 선생님은 아무 말 없이 우리 곁을 떠나셨다.

처음에는 우리 결혼을 그리 탐탁지 않아 하셨지만 일단 결정이 난 뒤에는 모든 일을 손수 지휘하시는 홍 선생은 판단이 확실하고 신속했다. 한 번은 결혼 준비와 관련된 일로 동대문시장을 따라 가보았는데, 옅은 베이지색 저고리를 받치는 짙은 남색 긴 치마폭 한 귀를 말아서 당겨 쥐고 그 인파가 북적이는 시장 길을 헤치며 어찌나 잰 걸음으로 나아가시는지 젊은 나는 따라 가기에 바빴다. 그 후 장모님은 언제나 나보다 앞장서서 확고한 걸음으로 인생의 길을 가르쳐 주셨고 언제나 나의 든든한 응원군이셨다. 나는 결혼 직후 곧 아내와 함께 다시 프랑스 엑상프로방스로 떠났고 이듬해 딸 아린을 낳았다. 그 아이가 태어난 지 겨우 3개월 되는 한겨울, 낙향하여 계시던 나의 아버지가 갑자기 세상을 떠나시는 바람에 우리는 급히 귀국하지 않으면 안 되었다. 상을 치르고 다시 프랑스로 돌아가면서 우리는 신생아 딸아이 아린이를 처가에 맡겼다. 미술학교에 다니는 일만으로도 버거운 아내의 사정을 고려하여 일시 귀국한 기회에 아이를 처가에 두고 떠나기로 결정한 것이다. 그뿐이 아니었다. 대학의 자리를 오래 비울 수 없어 2년 뒤 아내를 프랑스에 둔 채 귀국해야 했던 나는 장충동 처가에서 2년여 세월을 지냈다. 그 시절 뒤늦은 신학 공부에 빠지신 장인어른의 2층 서재에는 젊은 신부님들이 자주 드나들었다. 장모님의 안방은 온통 우리 아린이의 차지였다. 그래서 사람들은 '1층은 유아원, 2층은 수도원'이라고들 했다. 홍 선생님은 친정어머니이신 노 할머니와 함께 지극한 사랑으로 아린이를 키워주셨다. 그뿐이 아니었다. 1984년에 다시 한 번 우리 부부가 1년 동안 파리에 가서 체류해야 했을 때, 그 사이에 연년생으로 태어난 둘째 딸 남윤과 셋째인 아들 정한이를 또 다시 그 장충동에서 힘에 겹도록 키워주셨다. 그래서 우리 아이들은 노 할머니와 구별하는 뜻으로 늘 홍 선생님을 '예쁜 할머니'라고 불렀다. 그들에게 마음 깊이 예쁘기만 한 '예쁜 할머니'가 세상을 떠나셨으니 아이들은 얼마나 가슴이 아프겠는가.

장충동 집은 터가 아주 넓은 집은 아니었지만 아기자기 했다. 뒤꼍에 오래된 노송 한 그루와 샘이 있고, 그 뒤 동산에는 젊은 시절 두 분이 쓰시기 위하여 신축한, 당시로서는 '멋진' 별채가 있었다. 나는 그 공간을 혼자서 썼다. 볕이 잘 드는 언덕 위의 집, 왼쪽으로 노송과 오른쪽으로 집 전체를 뒤덮는 거대하고 화려한 산목련이 내다보이는 별채였다. 그러나 젊은 시절의 나는 늘 바쁘기만 했으므로 장모님께 살가운 사위노릇은 별로 해보지 못했다. 그래도 우리는 본체의 식당에서 가끔이나마 즐거운 식사시간을 즐겼고, 이층 서재에서 소박하지만 흥겨운 술파티도 자주 가졌다. 그래서 젊은 시절 이래 내 마음 속에서 홍윤숙 여사는 단순히 장모님만이 아니라 문단의 대 선배였고 마음속의 어머니였다.

세월이 흘러, 그 장충동 집에서 노 할머니와 장인어른의 초상을 치르고 오래지 않아 어머니는 건사하기 어려운 그 집을 떠나 강남의 아파트로 이사하셨다. 대학교수인 아들이 가까운 곳으로 분가한 다음부터 어머니는 늘 혼자서 사셨다. 그때부터 우리의 화요일 방문행사가 시작되었다. 물론 생신이나 명절 혹은 제사, 출판기념회, 수상식 같은 행사가 있을 때는 가족들이 모두 다 모였지만 평소에는 우리 부부가 가급적 거르지 않고 매주 화요일 점심 때에 찾아가도록 노력했다. 그날은 어머니를 모시고 외식을 하는 것이 오랜 습관처럼 되었다.

아내는 밀가루 음식을 멀리하시는 어머니를 위하여 집앞 파리바게뜨에 부탁하여 쌀로 만든 토스트를 사가지고 가는 것도 잊지 않았다. 그렇지만 어머니가 몇 번에 한 번씩은 꼭 "오늘은 내가 내네." 하시며 식사 시작 전부터 계산하는 일의 다짐을 받으려 고집하셔서 우리 부부의 웃음을 자아냈다. 별것 아닌 월남 쌀국수 한 그릇을 대접받으시고도 헤어질 때는 "오늘 점심 잘 먹었네." 하고 인사를 잊지 않는 어머니는 언제나 바르고 분명하셨다. 마지막 몇 년은 거동이 불편하셔서 휠체어를 이용하셨으므로 차에 타고 내리는 일이 쉽지 않았다. 연세와 함께 당신의 허리는 굽고 몸피는 점차 작아졌으며 그에 따라 홍윤숙 여사, 선생님, 장모님, 어머님, 엄마… 이렇게 그분을 부르는 나의 호칭도 점차 간소하고 짧아졌다. 그래도 어머니를 모시고 밖에 나서는 것은 우리의 기쁨이었다. 남산 순환도로를 달리며 벚꽃도 보고 단풍도 보았다. 그러나 우리는 장충동 쪽으로 지나는 것은 피하려고 했다. 장충동 1가 50의 13. 그 집이 팔린 뒤 나는 한 번도 그 골목쪽으로 가보지 않았다. 새 주인이 집을 허물고 노송과 산목련을 베어 땅을 고른 다음 그 자리에 높은 연립주택을 지어 분양했다는 말을 들었을 뿐이다.

며칠 후면 어머니의 사십구재다. 우리는 어머니가 한줌 재가 되어 묻힌 무덤에 다녀올 것이고 떠나신 뒤 줄곧 비워둔 어머니의 집을 정리해야 할 것이다. 오래된 책들과 필기도구들… 쉬운 일이 아니다. 세상 어디를 가도 만날 수 없는 어머니는 이제 내가 좋아하는 당신의 시「난이 피던 날」속 그 '청아한 눈부심'의 난초꽃이 되어 그 은은한 향기로 우리들 근처 어디엔가 떠돌고 계실지도 모른다.

그래서일까. 내 창가에 놓아둔 난화분들 쪽으로 벌써부터 자꾸만 눈이 간다. 나는 아직 어머니와 헤어질 마음의 준비가 되지 않은 것 같다.

난이 피던 날

홍윤숙

아직 발이 시린
이월 어느 날 아침
수증기 서린 유리창 앞에
푸른 도포 차림의 선비 세 분이
상아로 세공한 부채를 들고
말없이 단아하게 서 계셨다
나는 너무 황망하여 어쩔 줄 모르고
버선발로 뛰어나가 허리 깊이 꺾고
절하였다
그 청아함에 눈부시어 감히
반가운 악수도 청하지 못한 채

사랑은 일생을 걸어서 도착하는 집이다

양지혜
(홍윤숙 시인의 차녀)

빨간 사과 한 봉지
카라멜 한 갑
다시 못볼 엄마의 따스한
얼굴처럼 안고 돌아서는
너 자주빛 붉게 타는
뺨과 눈 언저리는
서천을 물들인 노을의
탓만은 아니리
어린딸이여

올해 다섯 살
몽실한 어깨 까만 눈망울
영특한 말 솜씨도 잊어 버렸나

한마디 어린 보챔도 없이
다시 오라 손짓도 없이
팔랑팔랑 조그만 그림자
사라져가는
어스름 비탈길에
얼룩진 가을 바람

자다가도 깜박 뇌의에 깨고
캄캄한 바람결 잿간을
혼자서 불도 없이 찾아 간다는
너…
어미 없는 세상은 너로 하여금
새알 같은 가슴에
숙성한 의지와 야무진 인고를
어느 사이 가르쳤던가

야속한 어른들의
모진 의사로 하여
몽매애도 그리운 어미 곁을 떠나
눈과 목청이 우악하신
시골 할머니 곁에
오늘도 너는 잡초처럼
쑥쑥 자라리
바람 속에 사과 처럼 익으면서
짓밟아도 문질러도

다시 머리 솟쳐 드는
초야같은 의지를 닮으면서

이제는 누렇게 물들어
한 불 낙엽졌을 뒷산 밤나무 밑
조약돌 주먹에 턱을 고이고
훤한 신작로며
그 너머 꼬불꼬불 숨어가는
까만 철로를
눈방울 시리도록 바라 보리라

풀잎 같은 손가락 폈다 곱았다
"몇 날이나 더 자면 엄마가 올까"
착한 것이여
빛나는 눈자위에 구름이 흘렀을까
바람이 지났을까
가슴 멍멍히
오늘도 엄마는
먼 너를 생각하며
다가올 추위를 걱정하는
서울의 얇은 지붕 밑

어느새 조그만 손등에 균열이 지고
아침 저녁 손 끝은
빨갛게 얼었으리라

엄마처럼 따뜻하게 너를 감싸 줄
이 한 켤레 장갑
눈마다 정을 들여 짜서 보낸다.

-홍윤숙, 「모심」 전문

"자식이 넷이라도 어느 하나를 위해 시를 쓴 건 오직 이것 하나뿐인데…" 엄마는 불과 몇 주였다고 아이에게 늘 주장했지만, 이 시를 읽어보면 분명히 철이 바뀌는 동안 아이는 엄마를 기다렸다. 우리 나이로 다섯이라 했으니 만 세 살내기, 아이의 첫 기억이다.

시골 할아버지 댁에는 매 시간 큰 종소리를 울리는 커다란 괘종시계가 안방에 걸려있었다. 어스름 석양에 다섯 번을 치면 신작로 건너로 곧 기차가 오곤 했다. 벌써 옛날에 끊어진 경의선 철도를 통하는 화물열차이지만 그런 걸 알길 없는 아이는 기차가 다 지날 때까지 밤나무골 높은 바위에 뛰어 올라가 눈이 빠져라 신작로 한길을 내려다보곤 했다. 오늘도 엄마는 오지 않는다. 밤골에는 낮에도 사람들이 오고가지 않아서 아이는 안심하고 울 수 있었다. 또 그렇게 매일 하루가 지나고 또 한 밤이 지나곤 했다.

카라멜이 손에서 찐득거리며 녹던 더위는 어느새 사그러들고 모든 이가 정신없이 바빠지는 가을이 왔다. 아이는 혼자 놀고 혼자 밤나무 숲에서 시간을 보내는 법을 배웠다. 가끔씩 삼촌이나 고모들이 오고 갈 때도 있었다. 이렇게 밤골에서 한밤중에 삼촌과 고모 그리고 옥순이 아줌마가 밤과 콩을 구워 먹으며 모닥불에 손을 쬐이던 늦가을이 되었다. 아직도 매일 아이는 괘종시계가 다섯 번 울면 밤골 높은 바위로 달려갔다. 이제는 더 이상 울지 않았지만 그래도 밤골은 숨어있기 좋은 곳이었다. 그렇게 추수기가 지나고 겨울이 왔다.

언제 다시 엄마가 왔는지는 아이 기억 속엔 없다. 맏며느리가 명절 날 시댁에서 상 차리는 것이 당연지사이니 그 사이 여러 번 다녀갔을 법도 하다. 그런 날들 중에 어느 하나이리라 싶다. 떡을 치고 두부를 내리고 만두를 빚고 부뚜막에는 가마솥 한가득 닭국을 끓였다. 아이는 그 역한 닭국 냄새를 피해 또 밤골을 맴돌았고 온 종일 정지간에서 옥순이 아줌마와 함께 부엌일을 하던 엄마는 저녁때가 지나면 밤길을 걸어서 읍에 가서 다시 버스를 타고 서울로 올라갔다. 이무렵 아버지는 아이의 기억에 없었다. 나중에 커서 부모들의

183

수필 속에서 읽은 이야기로는 이승만 정권 때 아버지는 반역자로 몰려 몇 년간의 재판 후에 사형언도를 받았다가 또 어찌 극적으로 석방되었다는 것이다. 그 유명한 우리 역사가 1950년 후반이었으니 엄마는 그 즈음 딸 셋 중에서 이제 곧 다섯이 된 중간 아이를 시댁에 갖다 맡길 수밖에는 없었을 것이다. 그렇게 엄마는 구름처럼 왔다 갔으니 아이에게는 시골 식구들 기억이 더 확실할 수밖에 없었고 이런 명절날 밤에는 온 여자들이 따뜻한 안방에 자리를 깔고 누웠다. 야참으로 인절미를 놋화로에 구워가며 할머니도 고모도 엄마와 딸이 되어 속을 내 놓고 속삭였다. 아이는 그들이 엄마 흉을 보는 것을 다 들으면서도 모른 체하며 죽은 듯이 누워서 자는 시늉을 했다. 그렇게 아이는 눈물없이 소리 없이 우는 법을 익혔다. 밤골에 뛰어가지 않아도 밤골이 가슴에 들어와 앉도록 아이는 그렇게 긴 겨울밤들을 지냈다.

언제 누가 다시 아이를 서울에 데려왔는지는 엄마도 아이도 기억에 없다. 따사한 봄날 엄마는 아이를 데리고 일을 보러 시내에 나갔다. "남조씨 우리 둘째, 그래 얘가 그 말 잘하고 울지도 않는 아이." 여러 해가 지나고 엄마는 시공관

국립극장(현 명동 예술극장)에서 "여자의 공원"이라는 시극을 발표했다. 아이는 엄마와 함께 소공동에서 장충단까지 걸어 오며 포스터를 붙였다. 서울은 그리 크지 않았다. 밤골에서 읍에 나가는 길보다 더 멀지 않았다. 그런데 그날 밤 다리는 왜 그리 아팠던지, 아이는 다음날 표 몇 장을 아는 선생님들 과 학부모들에게 전하느라 또 신당동 약수동 언덕길들을 헤 매었다. "우리 엄마가 쓰신 시극 시나리오를 직접 연기 하시 는 거예요. 꼭 참석해 주시면 감사하겠습니다."

거의 반세기 전 미국 유학길, 김포공항에서 엄마는 또 그 렇게 울었다. "너는 어째 울 줄도 모르니…" 보내는 아이가 걱정 되어 울고 또 눈물 한 방울 없는 아이가 서러워서 울고, 태평양의 양 켠에서 엄마와 아이는 삼십여 년 그렇게 편지를 썼다. 커다란 택배 박스 하나가 다 찰 만큼 수없는 편지들로 엄마는 "살아있어도 쓸모없는 잃어버린 딸"을 위로하는 편지 를 썼다. 편지로 표현할 수 없을 땐 시를 써 보내곤 했다.

사랑은 일생을 걸어서 도착하는 집이다.
사랑하는 내 딸
마음을 열고 집을 지어라

일생이 걸리더라도 쉴 수 있는 집을 지어라.

-홍윤숙

대학 시절 어느 잡지에 어머니날을 위한 모녀간의 편지를 쓰며 아이는 엄마를 뛰어 넘을 수 없는 절벽과 같은 존재라 했다. 시극은 커녕 연극도 없던 그 시절에 엄마는 무대가 따로 필요 없는 시인이었다. 엄마의 삶은 일 사이사이 예술이요 시극이었다. 그 열정과 함께 너무도 풍요롭게 선사받은 감성으로 엄마는 꽃과 나비를 사랑하듯 아이를 사랑했다. 매번 시집이나 수필집이 출간되면 "언제나 멀리 떨어져 있는 딸이기에 더 그리워 마음이 늘 가있는 아이에게"라고 적은 책들을 엄마에게서 받았다. 죽음에 대한 고통스러운 두려움과 투쟁하던 엄마의 마지막 십여년을 끝내고 아이는 이제 더이상 엄마를 기다릴 수 있는 밤골이 없음을 깨닫는다. 반세기가 넘은 지금 아이는 엄마가 밤골 대신 사랑의 집을 남기고 가셨음을 깨닫는다.

긴 복도 저 끝에 오래된 소나무로 가득히 채워진 창가 앞에
엄마는 옥색 모시 치마 저고리를
얼음 조각 같이 날카롭게 세워 입으시고

그림 같이 앉아서 글을 쓰셨다.
아이는 긴 복도의 끝까지 종종걸음으로 다가가
보이지 않는 투명한 문을 열고 엄마에게 안기려한다.
엄마 문 좀 열어 주세요.
아가야, 그 문에 문고리는 네가 찾아야 한다.
사랑은 일생을 걸어서 도착하는 집
아가야 그 집 문은 네가 열어야 한다.

2020년 8월 21일 콜럼버스에서

Mother & Child†

†Translated by Susan Dobmeyer
and Chihae Yang(July 2020)

A bag of red apples
A box of caramels*
cherished in her arm
like the warm face of the mother
she will not see again.
My daughter
turns and walks away
Her glowing red purple cheeks and eyes
more than just reflections
of dusk painting
the western sky.

Three years past birth
neither her little round shoulder
nor the black shining eyes
would whine or plead for
a return of her mother
But her fluent language forgotten
the flickering little shadow disappears

In the midst of hills at dusk,
tinted with the autumn wind.

Even from sleep, she wakes to find
the outhouse, alone
without a light in the dark night.
my child···
Has the world without her mother
already taught this little bird
mature perseverance and pains of life?

Taken from mother's bosom,
Through the insensitive interference of grown-ups,
my child is growing like weeds.
Under the country grandmother's
stern eyes and boisterous voice,
She ripens like an apple in the winds.
She would push up again
even if treaded upon or crushed off
learning the determination from the grassland.
The autumn leaves must have all fallen
in the chestnut woods.
She would sit underneath a chestnut tree,
resting her jaws on her tiny pebble stone fist.
She would stare at the broad avenue

and beyond the winding dark railroad
until her eyes are sore.

She counts
with her grass thin, tiny fingers
opening and closing
    "How many more nights until mother returns?"
My good child
Dose a cloud pass over her shining eyes?
Dose a cold winter wind blow at her?
Mother is thinking of you in the far countryside again today,
my heart numb
worrying about the cold winter coming to you, as I am
here, under a thin roof, in Seoul.

Already there may be frost bites
Early morning and late evening
her little hands would be frozen.
Mother is sending a warm pair of gloves
to wrap her in my bosom.
affection in each knot of the threads.

어머니, 나의 어머니

양 윤(아들)
배정혜(며느리)

그날은 여느 날과 다름없었던, 다르다면 좀 유난스럽다싶게 맑은 10월의 하늘로, 하루의 출발을 조금은 산뜻하게 시작했던 그런 날이었다.

오전 일찍 수업을 시작하며 주머니 속에 넣어둔 진동상태의 휴대폰은 늘 그렇듯 조용했어야 했다. 그런데 너무 많이 울렸다. 그리고 잠시 후 나는 그 휴대폰에 소리를 지르고 있었다. "아니, 엄마가 왜 숨을 안 쉬어? 말이 돼?" 그렇게 믿을 수 없는 소식에 말이 안 된다며 나는 소리만 질러댔다. 어머니는 그냥 엄마침대에 늘 그렇듯 그렇게 평안하게 누워계셨다. 어머니를 머리끝까지 흰 천으로 싸매고 병원으로 향하며 "아냐 이건 꿈이야, 어서 깨어나야 해."를 무수히 되뇌었지만,

깨어날 수 없었다. 그 후로는 그냥 멍한 상태였다.

엄마 엄마…. 윤아 윤아 내 이마가 갑자기 시원해졌고 엄마의 손길이 느껴졌다. 고1 어느 날 엄마는 이하선염에 걸렸던 나를 날밤을 새우시며 간병하셨다. 어디 그때뿐이었던가? 군복무중 폭염에도 그 먼길을 얼마나 다니시게 하였던가? 심지어 식솔을 거느리고 있는 지금까지도 나는 엄마로부터 "술 좀 그만 드시게, 담배 끊으시게…" 무슨 때마다 어머니의 절절한 카드를 받지 않았던가? 나는 대체 뭘 무엇을 어머니께 해드렸던가? 아무런 기억도 없다. 나는 내 어머니에게 아무것도 해드린 것이 없었다. 늘 짜증만 부렸다. 엄마, 그만! 하며 짜증만 냈었다.

그렇게 어머니는 꿈같이 떠나셨다. 어머니 떠나시며 눈부신 가을을 보여주셨고, 또 다른 좋은 날을 만드시어 하나뿐인 동생 부르시더니, 추운 날씨 따뜻하게 만드시고 살짝 비를 내리시며 "슬픈건 슬픈거야." 하시며 우리들을 맞으셨다. 따뜻한 겨울, 매서운 추위, 쓸쓸했던 성탄절, 어김없이 새해는 솟아오르고 우리는 모두 모여 떡국을 함께 먹었지만, 그 어디에도 어머니는 안 계셨다. 늘 못나고 모자란 아들을 위해 시간을 내주시고 자꾸 뭘 해주시고 싶어 하셨던 어머니는 이제 내 마음 속 깊이 계신다.

하지만, 어머니 떠나시고 텅 빈 마음이 아프다. 때로는 가슴 깊이 아려온다. 나의 어머니 홍윤숙님은 훌륭한 시인이셨고 대한민국의 존경받는 문인이셨다. 그러나 나에겐 모든 고통 감내하시며 손발이 닳도록 나를 키워주시고 사람구실 할 수 있도록 이끌어주신 지극한 어머니셨다. 자식으로 그 은혜 갚지도, 먼길 떠나시는 그 길 무서우셨을 그 길을 함께하지 못함에 저미어 오는 가슴, 어머니 걸어가셨을 그 길을 나도 언젠가는 따라 걸어갈 것이다. 어머님이 남기신 그 단정하고 당당한 발자국을 따라서….

어머님의 부재가 시간이 갈수록 이렇게 쓸쓸할 수가 없다. 어머니가 참으로 그립다.

나의 예쁜 할머니는 멋있었다

김아린
(시인의 외손녀)

2015년 크리스마스 때, 『하루하루가 작별의 나날』이라는 책을 선물 받았다. 화자가 어릴 적 살던 '집'에 대한 이야기로 시작되는 이 책은 내가 어린 시절을 보낸 집에 대한 기억이 모두 나의 할머니의 공간으로 연결된다는 것을 새삼 자각하게 했다. 내 어린 시절 추억의 공간은 언제나 우리 할머니 집, 우리 '예쁜 할머니'의 집이었다. 장충동 비탈길에 자리 잡은 2층짜리 양옥집 그중에서도 할머니의 방. 창가에는 낮은 자개장이 둘러 있고 조금 떨어진 곳엔 할머니가 전 세계를 여행하며 모으신 수집품 '종'들이 가득히 진열된 원목장, 그 장 속에 가득하던 종들이 지금도 내 마음속에서 딸랑딸랑 투명한 소리를 내며 울리는 것만 같다. 뒤이어 "아린아!" 하고 할머니가 나를 부르는 소리. 넓은 창으로는 아기자기한 뒷마당이 내다 보이는, 마치 영화 속 한 장면처럼 가슴속에 남아 있는 외가, 그곳이 내겐 영원히 지워지지 않는 '추억의 집'이다.

할머니('외할머니'라고 불러야 마땅하지만 내게는 언제나 그냥 '예쁜 할머니'다)는 나에게 있어 위인이자 히로인이었고, 할머니의 공간은 나의 안식처이자 은신처였다. 할머니는 두 번이나 청담동으로, 압구정동으로 이사를 하셨지만, 나에게 외갓집은 언제나 '장충동 그 집'이었다. 나에게 할머니는 세상의 모든 멋진 것들을 다 아는 사람이었고, 그 멋진 것들을 다 가질 수 있는 힘을 가진 분 같았다. 할머니는 늘 같은 자세로 당신의 낮은 책상 앞에 앉아, 안경을 살짝 콧잔등에 걸치고 무엇인가 엄청나게 중요한 것들을 덤덤한 자세로 끝없이 적어내고 있었다. 내겐 그 내용들이 이 세상의 가장 정제된 진실들인 것만 같았다. 이 고귀한 작업에 골몰한 할머니의 깊은 집중을 감히 흩트리고, 그 무릎에 파고들 수 있는 절대권력 같은 것, 난 그것을 지닌 할머니 보물이었고, 할머니는 '나'라는 보물을 언제나 따뜻한 가슴으로 보듬어 주는 아름답고 포근하면서도 강인한 둥지였다.

할머니의 모든 것은 멋있었다. 마치 한 단어, 한 단어 정의와 진실만을 이야기하는 듯한 목소리, 바닥을 콕콕 찌르듯 걷는 길고 마른 다리, 어이없다는 듯 비웃는데도 우아함이 가득한 웃음, 원고지의 정사각 네모의 귀퉁이들이 답답하다는 듯 파도처럼 흐르는 필체 등 할머니의 모든 것이 나에게는 너무나 멋있었다. 심지어 할머니의 이름도 너무 멋져 계속 소리 내어 발음해 보기도 하였으며, 나는 왜 '홍'씨가 될 수 없는지 거듭 부모님께 묻곤 했다. 할머니를 '예쁜 할머니'라고 부르던 이유도 말 그대로 나에겐 할머니가 너무나 멋지고, 너무나 예뻤기 때문이다.

할머니는 너무나 많은 이야기와 끝없는 충고를 주셨지만, 그중에서도 두 가지가 특히나 마음에 남는다. "사람은 변하지 않아. 오늘을 바보처럼 살면, 죽는 그날까지 바보인 거야. 그러니 오늘을 멋있게 살아야 해." "세상은 반 정도는 미친 사람들로 채워져 있어. 그런데 그 미친 사람들은 자신이 미쳤다는 사실을 몰라." 할머니가 나에게만 비밀스럽게 알려준 것 같은, 다른 사람들은 아무도 모를 것 같은 이 세상의 진실이 오늘을 살아가는 디딤돌이 된다. 더 강하게 해주고, 더 세상을 받아들이게 해주고, 이 치열한 사회를 이겨 나가게 해주는 힌트와도 같은 것들이다.

10월 12일, 할머니는 떠나신 날조차도 멋졌다. 청명한 가을날, 아침 식사를 늘 그렇듯 조용히 마치시고, 길게 늘어지는 가을 태양빛을 가리고자 이마에 늘 쓰시던 모자를 걸치시고, 그렇게 주무시듯 떠나셨다. 역시 내 할머니, 나의 예쁜 할머니는 멋있었다. 아주 오랫동안 담담하게 '죽음'과 '작별'에 대해 준비해온 듯, "내 생애의 마지막 시집에 할 말은, 다가올 죽음 앞에 당당하고 의연하게 마주설 것이다."라는 결연한 말씀이 빈소에서 문상객들을 맞고 있었다. 할머니의 시 「가을 집짓기」에서처럼, 아름다운 가을날 떠나신 나의 예쁜 할머니, 흩어졌던 영혼의 양떼를 모아 떠나온 집으로 돌아가신, 사랑하는 할머니, 내 영웅. 꿈도 없이 깊은 잠의 평안 속에 더 아름다운 모습으로 계시리라 믿는다.

가면 오리, 오면 십리

- 나의 어머니 홍윤숙

양 윤(아들)
배정혜(며느리)

참으로 무덥던 지난여름, 어머니의 유고집이 박스로 들어
왔다. 마치, 너희들 나를 잊고 있었지? 하시듯 집으로 들어오
셨다. 정말 그랬었나 보다… 어머니를 잊고 있었나 보다…

"내 생애의 마지막 시집에 할 말은, 다가올 죽음 앞에 당당
하고 의연하게 마주 설 것이다."

어머니는 왜 그렇게 늘 당당하시고 의연 하시고자 하셨을
까? 내가 어렸을 때 내 앞의 어머니는 늘 투정의 대상이었다.
고맙게도 뭐든 이루어졌었다. 좀 더 자라서는 뭐든 좋게만 봐

주는 이쁜 누님 같은 분이셨다. 결혼하고 자식을 키우며 내 앞의 어머니는 인생 선배님이셨다. 그러나 난 내 인생을, 어머니 세대와는 다른 인생을 만들어 가고 있었다. 아이들의 교육이 달랐고 생활 습관과 누리는 문화도 달랐다. 그러면서 우리는 할머니 손자 손녀 딸 아들 며느리 시어머니 엄마 아빠로서 그렇게 서로 서로 얽히고 설켜 뭉쳐 살았다. 뭐가 그렇게 바빴을까? 난 정말이지 어머니의 생활을 몰랐다. 아니 알고자 하지 않았었다는 게 더 맞을 듯하다. 어머니는 늘 강인하셨고 옳으셨으며 나의 불편함을 먼저 걷어 주셨다. 어머니에게 난 우선이었고 그래서 충분히 바쁠 수 있었기에 어느 날부터인가 고집을 부리시는 어머니를 납득하기 어려웠고 회피하며 외면하였다. 고약하게 매우 바쁘다며….

어머니는 「벌판 끝에 서서」라는 시에서 '태어난 일에 얼마나 값 했을까'라 반문하시며 '세상의 큰 별들 사이에 이름 없는 작은돌 하나 끼워 넣느라 지척이며' 달렸다고 하셨다. 이제는 지하철 안에서 쉽게 자리를 양보받고, 한 번이면 끝낼 일들도 두세 번의 수고를 더 하고야 끝맺기에, 안 되겠다 싶어 받아든 꿀 같은 휴식 기간. 마치 시험공부 전에 책상 정리를 시작하듯 제일 먼저 서재를 정리하였다. 어머니의 시집이 이렇게나 많았다니… 그러며 집어든 시집의 첫 장, 친숙한 필체의 '나의 희망에게'와 책갈피 사이로 붉은 단풍잎, 그 옆으로 「희망에게」라는 시가 보였다. 읽어 내려가며 가슴은 두근 거리고 눈은 뜨거워졌다.

너는 나의 집이었다
꿈꾸고 기다리고
밤에도 창문 열어놓고 별을 바라보던,
수많은 날 쉴 수 없는 길 위에서
헤매던 때도
너의 넓은 등에 기대어 따뜻했었다
늘 푸른 이마에 금빛 별 반짝이며
깃발 하나 펄럭이던, 멀어서 아름답던
먼 전방의 기수
나 무시로 지쳐 쓰러지던 날에도
네가 받쳐준 풀빛 장대 하나로
다시 일어나 걸었었다
그때 우리의 우정은 영원한 줄 알았었지
그러나 이제 나는 너를 작별해야 한다
병들어 뿌리째 흔들리는 나무
희망이 산더미로 달려온다 한들
무슨 소용 있는가
오던 길 되돌아가 다시 시작할 수 없는
이제 나는 네 손을 놓아야 한다
희망의 끝에는 무엇이 올까

너는 결코 말하지 않고
나 또한 너에게 묻지 않는다
하늘 우러러 겨울 광야에 서서
너 없는 빈 땅에 발끝을 모을 뿐

-시 「희망에게(놀이 46)」 전문

'가면 오리, 오면 십리' 집 가까이에 있는 산책로에 어머니
가 붙여준 이름이다. 아이들에게, 비록 눈에 띄게 크게 보이
진 않더라도 세상은, 온통 꽃 천지임을 알려준 곳. 나와 아이
들은 '오요오요' 하며 많이도 놀았던 곳이다. 이제는 당신의
손자, 손녀가 그 강아지풀을 손바닥에 놓고 '오요오요' 하며
그리워하고 있음을 아실까?

나는 할머니의 '새끼'이고 '강아지'였다
밤마다 잘 자라고
등을 긁어 주시던 할머니의 손은
한 다발의 까실하고 보드라운 강아지풀이었다
돌아가신 할머니는
강아지풀 우거진 산으로 가시고 그로부터
자욱하게 흐드러진 강아지 풀 밭에 서면
오요오요 부르던 어린 날의 할머니 목소리 들려온다
그 목소리 옛날의 나를 불러주던

낙원의 소리임을 이제 알겠지만
소리의 임자 간 곳 없고
그날의 빈자리 혼자서 돌아가는
쇠락한 일몰의 귀로에서
온몸 따가운 가시에 찔리고 있다

추억이 그처럼 아픈 가시임을
몰랐었다.

-시 「강아지」 전문

'시'라는 지독한 배냇병을 갖고 계셨던 어머니는 '가면 오리, 오면 십리' 그 산책로에서 아이들과 재미난 추억과 함께 시집도 만드셨다. 지금은 아이들과 어머니 다 함께 걷지는 못하는 그 산책길을, 어머니 시집 속에 나오는 꽃들을 찾으며, 어머니의 발자국을 더듬으며 걷는다.

내가 지상을 마지막 떠나는 날은
꽃 피는 춘삼월 어느 아침이거나
만산홍엽으로 불타오르는
노을 속 해 지는 가을 저녁 무렵이면 좋겠다

-시 「내가 떠나는 날은: 십자가 29」 중에서

꽃 피는 춘삼월이거나 만산홍엽 가을 저녁 무렵을 바라셨는데, 눈이 부시게 푸르른 가을 아침에 떠나셨다. 그 해 가을은 유난히 짧아, 눈부신 가을 하늘을 마지막 선물로 주시고 꿈같이 푸르디푸른 하늘로 사라지셨다. 구차스러운 모습 보이기도, 부탁하기도 싫어 하셨던 딱 어머니다운 모습이셨다.

그대 먼저 와서 터 닦아 세운 집
생의 마지막 집 한 채 여기 있으니
내 희망 또한 여기 와 쉬리라

-시 「이별: 92년 가을 비망기」 중에서

푸른 가을 하늘 아래 어머니의 비문은 어머니의 깔끔한 성품 그대로였다. 이제 어머니는 더 이상 편찮으시지도 불면으로 고통 받지도 않으시겠지. 반가운 친우들과 그렇게 가고 싶어 하시던 외가도 쉽게 방문하시고 혹부리 영감처럼 옛날이야기를 쉬지 않고 들려주셨다는 그리운 할머니도 즐겁게 만나고 계시겠지.

더러는
외할머니 머리쪽 같은
파꽃 대궁이

더러는
큰이모 옥비녀만큼 한
파꽃 대궁이

갓난이 아린 꿈이
꽃술처럼 피어나던
파밭 이랑에서
긴 날을 심심하던
어머니 봄나들이

외갓집
잔칫날은
길기만 했다

-시 「파꽃; 파밭에서」 전문

무슨 때마다 어머니가 쥐어 주신 하얀 봉투 속 편지지에는
한결 같은 문구가 적혀 있다. "술 그만 드시게" 어머니의 그
바람 아직 완전히 들어 주진 못하지만 마음만은 늘….

일 년 삼 백 육 십 오 일
내 부 수 리 중 입 니 다 평 생
고 쳐 도 고 쳐 도 비 가 샙 니 다
-시 「마음:놀이 53」 전문

어머니와의 시간을 추억 하면 모든 시간이 놀이였었다. 다만 어머니의 말년엔, 그 당시엔 그럴 수가 없었다. 워낙 깔끔하고 반듯하셨던 분이셨기에 자녀로서 어머니의 변하는 모습에 마냥 지혜롭기만은 힘들었었다. 불면의 고통으로 시를 쓰기 힘들다시며 영어 문법책을 부탁 하셨다. 어머니에게 재미난 영어 회화를 권하자, 재미난 영어책을 읽고 싶다며 그래서 문법책이 필요하다며 고집을 부리셨다. 돌아보면 어머니의 고집에는 분명한 명분이 있었고 어머니다운 것이었다.

이제 손 놓고 헤어져야 한다
여기까지는
앞서거니 뒤서거니 아름다운 이름들
사랑 또는 미움으로 꽃밭도 일궜지만
여기서부턴
누구도 함께 갈 수 없는 나라
圍籬安置 아득한 적소의 변방이다
혼자서 가야 하는
편지하지 마라
전화도 사절이다
나는 여기서 오래전부터
아무도 모르는 마지막 공부에
골몰하고 있다

잊혀지고 작아지고 이윽고 부서져
사라지는 법
이 세상 마지막 공부에 땀 흘리고 있다

바늘 하나 떨어지는 소리에도
땅이 울리는
이 마을에 지금 살아 있는 건
삼복염천에 불같이 울어대는 매미뿐이다
짧은 생애 목 놓아 울고 있는
매미의 애끊는 곡성뿐이다
-시 「마지막 공부: 놀이 9」 전문

　어머니의 손때 묻은 물건들 속 한 수첩에는 삐뚤빼뚤 하지만 분명 어머니의 필체 가득하다. 어머니는 마지막 순간까지도 습작을 하셨던 듯하다. 어느 한 순간의 감정도 놓치지 않으며, 글로 표현하고자 끊임없이 노력하셨던, 그런 분이셨다. 특히 「방문」이라는 시를 읽으며 나는 먼저 떠나신 아버지를 향한 어머니의 그리움을 느낄 수 있었다. 자녀들이 다 떠나 텅 빈 듯한 집 안에 두 분만이 남아 먼저 한 분을 떠나보내며… 그 상실감은 감히 가늠하기 힘든 것이리라.

　먼 후일… 내가
　유리병의 물처럼 맑아질 때

눈부신 소복으로
찾아가리다
문은
조금만
열어 놓아 주십시오

잘 아는 노래의
첫 구절처럼
가벼운 망설임의
문을 밀면

당신은 그때 어디쯤에서
환-히 눈 시린
은백의 머리를
들어주실까…

알 듯 모를 듯
아슴한 눈길
비가 서리고

난로엔
곱게 세월 묻은
주전자 하나
숭숭 물이 끓게 하십시오

손수 차 한 잔
따라주시고
가만한 웃음
흘러 주십시오

창 밖에 흰 눈이
소리 없이 내리는
그런 날 오후에
찾아 가리다.

-시 「방문 1」 전문

어머니가 지금은 먼 곳에 계심을 안다. 그러나 어머니의
시집들을 한 권 두 권 읽다 보니, 어머니가 항상 나의 곁에
계신 듯하다. 어머니는 어머니의 시 속에 계시고, 또 그 시
속에는 어머니의 인생이 들어있다. 심지어 어머니의 목소리
까지 들어있었다. 댕댕댕, 뚝뚝뚝, 쟁쟁쟁~ 어머니의 유려하
고 또랑또랑한 목소리가 바로 귓가에 들리는 듯하다. 예전에
어머니는 늘 나의 앞쪽에 자리 하셨다. 이제 어머니의 詩들과
함께 있는 나는, 어머니와 나란히 있다는 느낌이 든다. 어머
니와 나란히 앉아 어머니의 목소리로 어머니의 이야기를 듣
는다. 들으며… 어머니를 만날 수 있기를 갈망해 본다.

감꽃 지는 감나무 밑에서

지는 감꽃을 바라보노라면
어디선가 시나브로 해지는 소리 들려
을지로 퇴계로 한남동 고개에서
한강 서강 샛강 건너에서
지는 해 댕댕댕 우는 소리가 들려
가슴에 새 한 마리
덩달아 부엉부엉 우는 소리가 들려
감꽃 지는
감나무 밑에서
지는 감꽃을 바라보노라면
사방에서 뚝뚝뚝 해 지는 소리 들려
동서남북 어디서나 지는 소리만 들려
이 근래 나의 귀엔
지는 소리만 들려
눈 감고 지는 소리 듣고 있노라면
무척 아름다운 세상 하나가
쟁쟁쟁 피리 불며 떠나는 소리 들려
감꽃 지는
감나무 밑에서
지는 감꽃을 바라보노라면
이 나라 사람들이 모두
보슬보슬 빗발 되어
저 먼 나라로 떠나는 소리 들려

-시 「감꽃 지는 감나무 밑에서 1」 전문

연보

1925년 8월 19일 평북 정주군 고덕면 신월리 외가에서 출생. 20일 후 친가로 돌아감

1928년 양친이 이향하여 경성으로 이주

1943년 동덕고등여학교 졸업

1944년 경성여자사범학교 강습과 수료, 인천 소화동 초등학교 부임

1945년 신병으로 휴직

1946년 경성여자사범대학 예과2년 편입

1947년 국립서울대학 사범대학 교육과 진학, 연극에 관심 학생극 활동 러시아 작품 <말타>2는 단편을 한글로 번안하여 '어머니'란 제목으로 종로 2가 소재 한청빌딩 2층 중앙방송(KBS전신)에서 방영함

1947년 가을 고 김용호 선생이 주간으로 계시던 문예신보에 처녀작 '가을' 발표

1948년 신천지에 '낙엽의 노래' 예술평론에 '너의 장도에' 등을 발표하며 등단

1950년 중국문학가이며 조선일보에 계시던 고 송지영 선생의 제의로 시집 항가(抗歌)를 준비하였으나 필자 작품 중 몇 편의 시가 경향성이 강하다 하여 추천사를 부탁했던 분으로부터 거절. 송지영 선생은 그 몇 편을 빼고 시집을 만들자고 하였으나 거절. 결국 1962년에 첫 시집을 냄

1962년 제1 시집 여사(麗史)시집 동국문화사에서 간행. 麗史는 송지영 선생이 지어 주신 아호임

210

1964년 제2 시집 '풍차' 신흥출판사 간행

1966년 시극동인회 창립 입회

1967년 현대문학에 시극 '여자의 공원' 발표 및 고 이인석 시인, 고 신동엽 시인의 작품과 함께 시극 동인회 주최 아세아재단 후원으로 국립극장에서 공연

1968년 국제펜클럽 한국본부 작가기금으로 시극 '에덴 그 후의 도시' 집필. 을유문화사에서 한국 현대 신작전집 6권에 수록 간행

1968년 중앙방송국(KBS전신)에서 단막극 '무너진 땅' 방영
　　　제3 시집 '장식론' 하서출판사 간행

1969년 36차 국제 PEN 프랑스 망통대회 참석

1970년~1979년 상명여사대 국어과 출강

1971년 제4 시집 '일상의 시계소리' 한국시인협회 간행

1972년 기행 수필집 제1권 '자유 그리고 순간의 지상' 서문당 간행
　　　일본 문화연구 국제회의 참석필자의 '일본 전전시에 나타난 한국관 고찰'이 일본 PEN클럽에서 발행한 '일본문화 연구'에 수록 출간

1973년 제2회 세계 시인대회 대만대회에 참석

1974년 제5 시집 '타관의 햇살' 성바오로 출판사 간행.

1975년 제2 수필집 '해아래 사는 날' 중앙출판공사 간행

1976년 문화예술진흥원 작가 기금으로 장시 공후인 집필. 현대 한국민족문학 대계 6권에 수록 출간

1978년 제6 시집 '하지제'(문지사) 간행
　　　제4 수필집 '모든 시대의 모든 이의 노래' 문지사 간행

1980년 제5 수필집 '해질녘 한 시간'을 샘터사 출간

1981년 종교 시선집 '사과밭 주인의 집'을 바오로 출판사 간행. 아울러 수필
　　　선집 '처음과 마지막에 쓰는 이름' 바오로 출판사 간행
1983년 제7 시집 '사는 법' 열화당 출간
1984년~1985년 한국 여류 문학인 회장 역임
1985년 제6 수필집 '나의 아픔이 너의 위안이 된다면' 제3 기획 출간
　　　시선집 '북촌 정거장에서'를 고려원 출간
1987년 제8 시집 '태양의 건너 마을' 문학사상사 간행
1988년~1991년 한국 가톨릭 문학인 대표 역임
1988년 제7 수필집 '헤매는 자의 밤을 위하여' 둥지 간행
1989년 제9 시집 '경의선 보통 열차' 문학세계사 간행
1989년~1990년 한국 시인 협회장 역임
1990년~현재 대한민국 예술원 회원
1994년 '예술가의 삶' 혜화당 간행 제10 시집 '낙법 놀이' 세계사 간행
1996년 수필선집 '세상의 모든 것들은 이별을 노래한다' 제3기획 간행
　　　제11 시집 '실락원의 아침' 열린 간행
1998년 제12 시집 '조선의 꽃' 마을 간행
　　　제9 수필집 '지상의 끝에서 돌아보는 지상' 성바오로 출판사 간행
2000년 제13 시집 '마지막 공부' 분도 간행
2002년 제14 시집 '내 안의 광야' 열린 간행
2004년 제15 시집 '지상의 그 집' 시와 시학사 간행
2005년 '홍윤숙 시전집' 시와시학사 간행
2005년~2009년 병고로 입원 투병. 퇴원 후에도 쉽게 회복이 되지 않았음
2010년 제16 시집 '쓸쓸함을 위하여' 문학동네 간행

2011년 제10 수필집 '어머니 나의 어머니'(자서전) 바오로딸 간행
2012년 제17 시집 '그 소식' 서정시학 간행
2013년 시선집 '장식론' 시인생각 간행
2015년 10월 12일 오전 10시 30분 노환으로 별세 향년 90세

상훈
1975년 제7회 한국시인협회상 수상
1985년 대한민국 문화예술상 수상
1994년 대한민국 문화훈장 보관장 서훈
1995년 공초오상순문학상 수상
1995년 서울시문화상 수상
1997년 대한민국 예술원상 수상
2001년 3·1 문화상 예술부문상 수상
2002년 춘강상 수상
2012년 구상문학상 수상

빛나는 시정신을 꼼꼼하게 엮어내는 — 마을

麗史詩集

홍윤숙 시집

1판 1쇄 인쇄 / 2020년 10월 25일
1판 1쇄 발행 / 2020년 10월 30일

지은이 / 홍 윤 숙
펴낸이 / 성 춘 복
펴낸곳 / 도서출판 마을

등록 ‖ 1993년 5월 15일 제3001-1993-151호
주소 03073 서울 종로구 성균관로5길 39-16
전화 ‖ (02) 765-5663, 010-4265-5663

값 12,000 원

*잘못된 책은 바꿔 드립니다.

ISBN 978-89-8387- 330- 9 03810

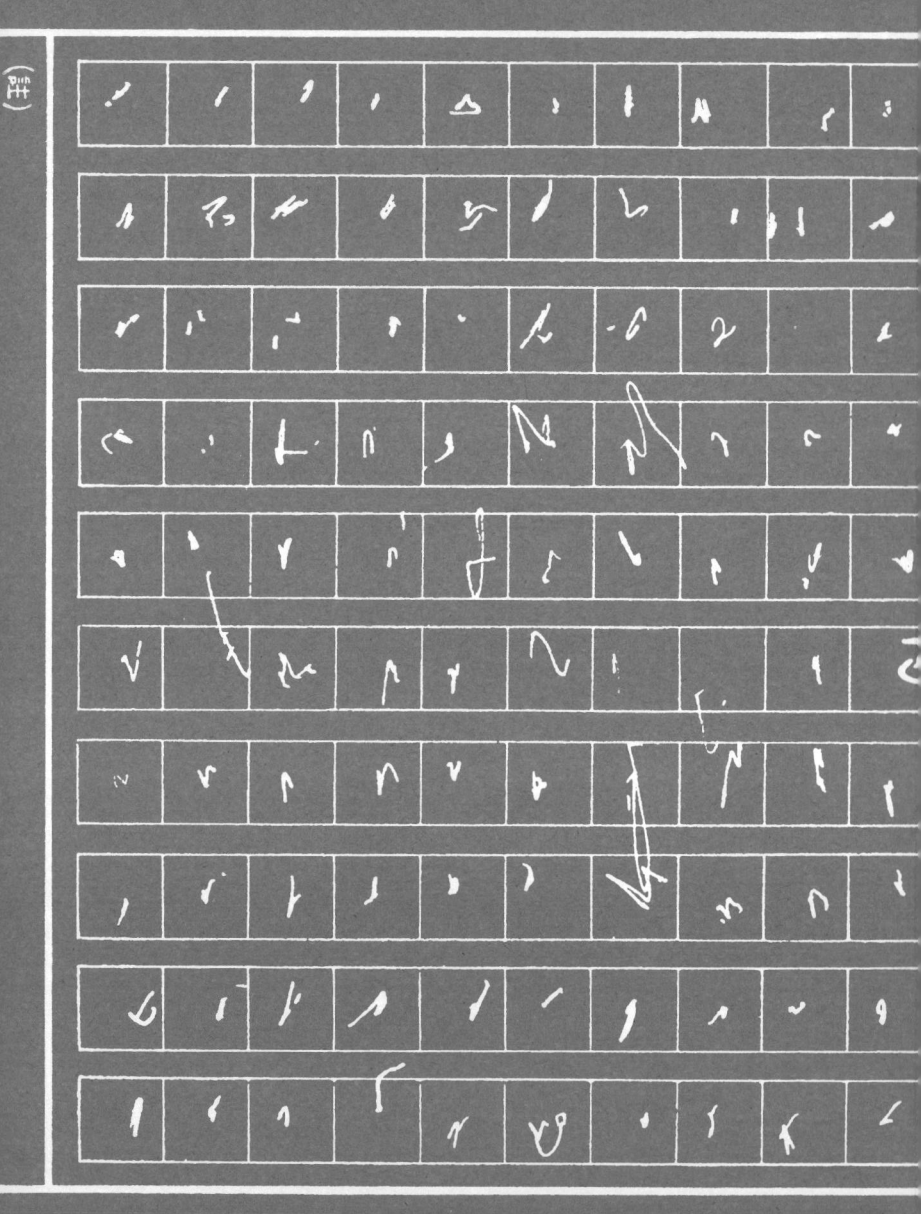